ANTROPOLOGÍA DEL SER

José García Velázquez

ÍNDICE

CAPITULO I
EL SER QUE NO ES Y EL SER EXISTENTE

El lector cuando bucea en la idea o término del ser, su mente impulsado por brisas notables pero suaves, lleva al bajel hacia mareas literarias donde con cierta rapidez se advierte en una playa donde la mente del lector suele dirigirse casi por impulso. Al pensar en el ser, nuestra mente evoca a William Shakespare en su Hamlet, al afirmar: "Ser o no ser, esa es la cuestión".

Pero la ausencia de atención a veces, las ausencias de conocimientos o de cultura clásica en muchas otras, no nos deja ver la trascendencia que ofrece esta playa teatral al navegante que llega. Piense lector en dos papeles posibles, en dos sentimientos posibles, ambos de gran tragedia moral, sentimental y teatral. En un papel la tentación del suicidio; en el segundo el cuestionamiento filosófico y racional de la propia existencia del hombre en la tierra, quien es dibujado como el titán Atlas soportando el peso de la propia existencia en la tierra, pues la vida a los ojos de Hamlet, es tragedia y la muerte una liberación de la misma.

> *"Ser o no ser... He ahí el dilema. ¿Qué es mejor para el alma, sufrir insultos de Fortuna, golpes, dardos, o levantarse en armas contra el océano del mal, y oponerse a él y que así cesen? Morir, dormir... Nada más; y decir así que con un sueño damos fin a las llagas del corazón y a todos los males, herencia de la carne, y decir: ven, consumación, yo te deseo. Morir, dormir, dormir... ¡Soñar acaso! ¡Qué difícil! Pues en*

el sueño de la muerte ¿qué sueños sobrevendrán cuando despojados de ataduras mortales encontremos la paz? He ahí la razón por la que tan longeva llega a ser la desgracia. ¿Pues quién podrá soportar los azotes y las burlas del mundo, la injusticia del tirano, la afrenta del soberbio, la angustia del amor despreciado, la espera del juicio, la arrogancia del poderoso, y la humillación que la virtud recibe de quien es indigno, cuando uno mismo tiene a su alcance el descanso en el filo desnudo del puñal? ¿Quién puede soportar tanto? ¿Gemir tanto? ¿Llevar de la vida una carga tan pesada? Nadie, si no fuera por ese algo tras la muerte —ese país por descubrir, de cuyos confines ningún viajero retorna— que confunde la voluntad haciéndonos pacientes ante el infortunio antes que volar hacia un mal desconocido."

Y yo me cuestiono ¿qué es *"ese algo tras la muerte que confunde la voluntad"*?.

Otro de los grandes pensadores literarios ofrecido por las orillas del cantábrico que une a tres grandes países literarios como Inglaterra, Francia y España, que se adentró en la identidad del ser desde la literatura, fue D. Miguel de Unamuno, quien pasó a la historia como gran escritor del veinte y como aún mayor crítico al sistema político español, ya fuera la República o a Franco, presentándose como un exponente de aquello que mi país debe de aprender, la digestión de la crítica razonada que es observación empírica y existencia del interior de uno mismo como reflejo de lo físico y como visión de lo no físico. De aquello que por vergüenzas no queremos ver y negamos su existencia.

El rector de la universidad de Salamanca en su libro *"del sentimiento trágico de la vida"*, obra que expresa una visión existencial similar a la del Hamlet de Shakespare, afirmaba al iniciar su obra:

> *"Soy hombre, a ningún otro hombre estimo extraño.*
> *Porque el adjetivo humanus me es tan sospechoso*
> *como su sustantivo abstracto humanitas, la*
> *humanidad. Ni lo humano ni la humanidad, ni el*
> *adjetivo simple, ni el sustantivado, sino el sustantivo*
> *concreto; el hombre. El hombre de carne y hueso, el*
> *que nace, sufre y muere, sobre todo muere, el que*
> *come y bebe y juega y duerme y piensa y quiere, el*
> *hombre que se ve y a quien se oye, el hermano, el*
> *verdadero hermano. Porque hay otra cosa que llaman*
> *también hombre, y es el sujeto de no pocas*
> *divagaciones mas o menos científicas. Y es el bípedo*
> *implume de la leyenda, el ser de Aristóteles, el*
> *contratante social de Rousseau, el homo oeconomicus*
> *de los manchesterianos, el homo sapiens de Linnero*
> *o, si se quiere, el mamífero vertical. Un hombre que*
> *no es de aquí o de allí, ni de esta época o de la otra,*
> *que no tiene ni sexo ni patria, una idea, en fin. Es*
> *decir, un no hombre. El nuestro es el otro, el de carne*
> *y hueso, yo, tú, lector mío, aquel otro de más allá,*
> *cuantos pesamos sobre la tierra. Y este hombre*
> *concreto de carne y hueso, es el sujeto, y el supremo*
> *objeto a la vez de toda filosofía, quiéranlo o no*
> *ciertos sedicentes filosóficos."*

Advirtiendo desde la orilla estas dos visiones de la playa del ser que el navegante halla desde el Cantábrico, pudiera el pescador de ideas y de razones caer en el error que son orillas adversas y contrarias, mientras una divaga en la idea pre-existencial del ser ausente de cuerpo y carne, el ser existencial metafísico quien se halla más allá de la existencia; frente al bilbaíno de nacimiento, quien se dirige al ser físico de carne y hueso que sufre y padece en equidad como ser vivo, sin advertir dicho marinero que él procede las mareas que cosen ambas orillas.

Aquí el cuerpo físico del marinero se advierte en su mera existencia del acto de estar vivo, como punto que conecta ambas playas, y las conecta al unísono. El hombre individual sucumbe a su mera existencia, y es allí donde con carne y hueso sangrante y palpitante, allí en su soledad teatral sin papel tras el telón, se advierte como un espectador más de la función, cuestionándose la realidad misma de la existencia y de su deseo de estar en el escenario viviendo una mentira, un papel predeterminado, con un guión escrito por un otro, haciendo que su acto sucumba al deseo del escritor de su guión, sin riendas de su destino como caballo desbocado.

O cambiar su posición.

Sentarse cómodamente en la butaca del que pagó su entrada, y desde una inmensa oscuridad que roba los rostros de los observadores, que los enmudece y los aprisiona en su butaca, deseando ser aquel que ven sobre el escenario como única realidad existente, como meros seres de la caverna de Platón, pues su existencia durante la obra, que a veces es la vida, quedó parada en el mero papel de observador de un personaje atado que sólo reluce por el foco dado o por el papel interpretado.

¿A caso todo es teatro, observador o actor?

Allí, el actor se cuestiona; ¿dónde deseo estar, sobre el escenario o tranquilo en mi butaca? En ambas hay una soledad en enmudecedora que asfixia la existencia del ser, donde sólo veo la vida pasar como si me hallara en el andén del tren sin billete, o siendo el maquinista del mismo sin destino ni lugar.

Desde la visión de Unamuno y de Shakespare, en tal encrucijada hallamos al paciente que visita al terapeuta se halla, y así, desde la visión de actor y observador, de maquinista y de viajante sin billete, la sociedad grupal, esa masa anónima, se encuentra ahora mismo "pesando sobre la tierra". La duda sobre el ser trascendental desde el ser carnal, la duda del ser pasivo que ve la vida pasar sin acción, y del ser activo que actúa sin saberse de sí mismo, como si el movimiento del tren fuera la mera existencia como el maquinista, sin parar de trabajar, sin sentir, sin padecer, sin soñar, sin realizarse.

Pareciendo que fuera, más allá, del papel escogido, el ser sucumbe a una posición del no ser, o... a caso, la solución es ser, creyéndose el papel del actor como real, y sobre el escenario pensar que el héroe realmente mata al villano, y que el actor del villano realmente allí fallece y encuentra su final, su sueño reparador. Tal solución es propuesta de la mayoría de la sociedad que al introducirse en el disfraz de su personaje, incluso fuera del teatro, cuando la función ha finalizado y la carne a olvidado ya su existencia y es pasto de gusanos, sigue actuando como si aquel disfraz que rodea su cuerpo fuera su interior, sin advertir que es el exterior que cubre a su cuerpo, y este cuerpo no es más que el exterior de su interior.

El antropólogo cuando realiza el trabajo de campo, que es como se menciona a la labor de observar a un conjunto humano concreto, por ejemplo una tribu, peca de lo denunciado por Unamuno, ver al grupo como un ser individual pero colectivo. Como Rousseau advirtió a todo el mundo, como un grupo que voluntariamente firma un contrato social, o como el darwinismo se aferra a observar al hombre como un único ser que evoluciona sin individualismo, aunque la máxima de Darwin fuera que dicha magia mística de la naturaleza, la evolución de las especies, acontece a partir y desde un ejercicio personal, íntimo e individual del ser del individuo con el todo. La adaptación al medio.

Mas... ¿qué ocurre con esta fuerza de la madre naturaleza, la evolución y el acto de adaptación al medio, cuando el medio natural que se ofrece al individuo, ya no es natural, ya tras el destete del bebé, nuestro medio y nuestro entorno no es mamá, no es natural, la raíz de donde procedemos, es una cuna apartada, un moisés con paredes, y una soledad ausente que es la muralla de la ciudad, la pared de la casa? ¿Cómo la fuerza natural de la adaptación, implícita en la evolución de la especie, reacciona cuando se ha de adaptar a un entorno que no es natural? ¿Se le puede exigir a la biología trabajar sin biología?, tal idea es como pensar que el pez pueda vivir sin agua.

Aquí acontece nuevamente la idea de Shakespare y de Unamuno, del ser o dejar de ser y ser un no ser. Y como dijo Bram Stocker en su Drácula, "un No Vivo". ¿Es así, un vampiro como el hombre de hoy se halla en esta adaptación a un medio no natural, observándose como un "no vivo"?

Aquí en el dilema existencial de ver el daño de la vida, cuando uno ha de escoger entre el ser existente que no existe, el papel del actor, o el ser existente que realmente existe, pero que al dejarlo sin papel y encerrarlo en la oscuridad del patio de butaca, atado a su silla, queda como un mero observador imbuido en la gran masa anónima del mundo llamada "humanidad", sapiens o sociedad, o granja, plebe... ya sabe el lector. Acontece ahora un digno papel para el actor y el observador. Para el maquinista y el viajero sin billete. La solución bosquense.

Salir del entorno cárcel de la sociedad sedentaria y recuperar el entorno natural del hombre natural evolucionado por los impulsos de los entornos de su madre tierra, que no sería más que el canto literario e imperialista, origen de la antropología como ciencia, que es el regreso al Edén, al paraíso perdido de John Milton. A hombros de Jung con su visión del mito y del héroe, podríamos decir que somos unos adanes y unas evas expulsadas del paraíso, condenados al polvo y al sudor del trabajo causado por la producción laboral como causa de subsistencia, por no poder regresar al origen edémico.

Y aunque esta visión halla sido criticada por multitud de razones intachables procedentes de grandes mentes, a mi parecer, como David Graeber; no deja de ser una visión literaria que condiciona una gran verdad del ser;

No hay ser sin su origen de procedencia, que es la esencia

de su existencia.

O dicho de otra forma para la comprensión del lector. Todo aquello que existe tiene un origen. En su origen se halla la identidad de lo que es, o sea, su ser. Conocer el origen es conocer lo que soy. Pues mi ser, lo que soy, es mi existencia, y esta tiene un origen. Aquí surge la importancia de poder responder a la gran cuestión ¿de dónde procedo?, ya fuera para el huérfano personal sin familia, o como huérfanos desarmados y desnudos en este mundo, el hombre anda sin conocer su origen. Todo su entorno es animal y salvaje, y él se halla solo como un ser pensante.

O... es otro teatro, y lo que advertimos como animal y salvaje también piensa, siente y calcula. Y aquel que pensamos que piensa, no piensa ni razona tanto por olvidos ya olvidados, pues olvidó la razón, la ética, la lógica y la comprensión de las cosas, me refiero con cosas, a lo natural, no a lo creado por este hombre que juega a ser dios sin conocer quién es este al que llaman dios.

Así que jugar a ser dios con la tecnología, sin saber antes quién es Dios como mayúscula, entendiendo a Dios como figura de la psique que condiciona el ser original de donde nuestra existencia propia ha brotado, es jugar a un juego inventado de una obra de teatro inventada por otro. ¿Pues cómo plasmar en el papel el personaje que no conozco, y cómo un ser es capaz de adentrarse en otro ser? ¿No es el teatro un ejercicio multi dimensional, donde el ser es capaz de ser otra cosa que él no es? Responder a tal cuestión ayuda a pensar si lo que somos responde a la esencia misma de aquello que tú eres en Verdad. Descubrir al Dios de Spinoza, es descubrir el origen biológico y sintiente de donde brota la identidad del individuo como ser. No hablo de religión, sino de crear un concepto edémico sustentado en lo biológico, que no en vano la narrativa ya afirmó que era un jardín y no una ciudad.

Ante la observación de advertir la gran adaptabilidad del ser y de la mente en un dispar de papeles y entornos posibles, donde imbuido de un entorno dispar e inesperado, el mismo incita, invoca y casi exhala un ser interior desconocido quien ejecuta una acción inesperada, donde el mismo individuo al advertirse realizando tal acción se ve desde una posición tercera o segunda, como si él no fuera aquella persona.

Esta sensación es común en un trauma de negación. En este estado, el individuo, el de carne y hueso y mente pensante, se cuestiona ¿quién hace lo que estoy yo haciendo, pues no soy yo, yo me veo a mí, para después advertir cómo mi cuerpo, mi yo ha realizado tal acción o sentimiento o respuesta o abrupto verbal sin pensarlo?

El neurólogo y psiquiatra posiblemente ataje la respuesta a hombros del psiquiatra Paul McLean, neurocientífico norteamericano y padre de la observación neuronal de la evolución del cerebro y sus tres cortes evolutivos, el reptil, el paleomamífero y el neomamífero, aludiendo a las cualidades y exigencias adaptativas a los entornos de los individuos homínidos en una posición prehistórica y lejana, con la expresión Paleo, y en la adaptabilidad de una posición más cercana en el tiempo, casi en la agricultura y ganadería con el neo mamífero.

Mas, aún existiendo estos tres cortes trasversales en la evolución neuronal y biológica de nuestro cerebro, siendo más oportuno llamarlo reptil, límbico y neocorteza, pues esta tercera evolución ya se hallaba presente en el paleolítico y no fue causa alguna de la formación en los modos de vidas sedentarios que reconocemos en prehistoria como Neolítico, ni estos acomodos de los entornos naturales que el hombre realizó a partir del octavo milenio fueron causa de adaptación para su presencia y evolución.

Aquí surge otra cuestión imperante y antrópica, ¿cuáles fueron las causas naturales que impulsaron el surgimiento de cada una de las evoluciones marcadas de nuestro cerebro?

Tal cuestión atañe al nudo central que teje la madeja de la llamada evolución natural de las cosas, donde desconocemos hoy día cuál de las dos fuerzas potenciales presentes en la evolución, tiene el impulso primario. Si el entorno exigente que marca la impronta de la supervivencia, pidiendo así el canon de la adaptabilidad o sin ella, las parcas engullen al inadaptado. O dicha adaptabilidad está sujeta a las capacidades naturales que el ser tiene en su entorno biológico; donde observamos la presencia de dos entornos adaptativos, el exterior o mundo natural que rodea al cuerpo, y el mismo ente biológico que ofrece un entorno natural de herramientas para ser gestionadas por la identidad del ser.

Así, es necesario cuestionarse cuál de los dos entornos causa la impronta de la evolución marcada en nuestra biología física y carnal. ¿La exterior que rodea al cuerpo, o la exterior que rodea al ser, el propio cuerpo biológico?Tal cuestión no es vana, y tal vez desde lo absurdo de ambas cuestiones, el lector advierta los extremos que causan la caducidad de ambas posiciones invitándonos a casi desecharlas.

Si la evolución biológica de los cuerpos y las especies, es marcada por un entorno natural, tal vez a fuerza de despeñarse por los riscos y alzados naturales, al mono que somos en esencia biológica e impulsiva, debiéramos volar. Quien no se esfuerce o se adapta a tal cuestión, fallece al instante. Desde los días de Darwin y Lamarc, tal visión de la biología también fue tomada como ley máxima para la convivencia social de los individuos, exigiéndose esta visión de esfuerzo y adaptabilidad a la exigencia a cuenta del precio de la muerte, como si fura una ley natural válida para toda existencia.

En su contra, si la evolución biológica de los cuerpos y las especies, es marcada por el entorno biológico del ser, donde éste gestiona las capacidades físicas que puede desempeñar su cuerpo, y a partir de las mismas algunas por des uso desaparecen, y las otras por exceso de uso se fortalecen y se ensanchan. La evolución está lejos de una adaptabilidad de los entornos, hallándose sujeta a la reiteración potencial de sus capacidades biológicas usadas por la identidad del ser que el individuo presenta.

El hombre en su estudio antropológico, siempre alteró su entorno para favorecer sus dones o capacidades, pocas veces el entorno alteró capacidad alguna del hombre físico, biológico o existencial, hasta los días de la revolución industrial y los malecones de nuestro presente tecnológico.

Opino que Darwin no advirtió esta cuestión de la evolución natural de las especies, pues sus escritos y todo aquello que fue derivado de su observación por la multitud de biólogos y paleontólogos, mantienen la adaptabilidad del cuerpo al entorno natural que nos rodea. Por todo ello, el hombre negro a fuerza de vivir en poblaciones de gélidos inviernos nevados y ausentes de sol cálido, generaciones después y siglos después, la piel de su descendencia ha de ir siendo menos negra y más blanca para la adaptabilidad de la melanina a la nieve y su ausencia de melanina negroide para soportar los ardientes rayos solares. Pero... dudo que tal acto acontezca en estas lindes. Pero aún así, no sería más que una gestión de un elemento químico biológico, la melanina. Una gestión del ser de sus entornos biológicos corporales.

Por ello... ¿qué es este ser que se adapta al observador y al actor, que gestiona cualidades y capacidades biológicas hasta moldear el cuerpo a su antojo, y tal vez, para esconder su presencia, la biología, por hallarse en el desconocimiento de cortar con el bisturí la presencia física del ser, se vio más acomodada y en un descanso más confortable, llamándolo evolución. Un hado mágico y casi místico que bien para la mente victoriana de Darwin, pudiera sustituir en esencia a la mano de Dios que todo lo condiciona y lo causa.

Llegados a tal punto de visión del ser y del cuerpo evolutivo, podemos apreciar que las capacidades biológicas que el individuo presenta en su vida cotidiana desde su nacimiento, y son casi inmanentes y sujetas a su cualidad natural, se les presenta como un ejercicio de gestión física y biológica de adaptabilidad al entorno heredado por toda su progenie. O dicho de otra forma:

Obviar las virtudes innatas del individuo, para forzarlo en su educación en aquello que no se le da bien, es a causa del sacrificio, obviando el sacrificio sembrado en su cuerpo de toda su generación de ancestros, los cuáles a base de uso y gestión, han moldeado una heredad biológica familiar para los cuerpos de cada ser. Negar las virtudes, es negarse a sí mismo como esencia biológica heredada por su familia.

Algún lector al meditar en esta cuestión darwiniana, me cuestionará que las virtudes innatas que tenemos son causa de la esencia del ser primigenio y cuasi álmico que somos. Pero... hierra la visión. Pregúntese si el lector a pensado así, ¿tendría esta cualidad y esta falencia o ausencia, si hubiera nacido en otra familia y otro cuerpo?

Esta cuestión última nos ayuda a bucear en unas mareas profundas que la psicología ha tratado de trabajar como una herramienta psíquica y sujeta a la plasticidad de la mente del individuo, donde la educación y el entorno familiar son causa de la llamada repetición de patrones familiares. Pero... en el genograma de la psicología se advierten patrones familiares repetidos y presentes entre individuos que no se conocieron ni supieron nada de dichos patrones, repitiéndose las conductas de forma intuitiva, individual y sin entorno educacional, cultural o moral que ofrezca un molde para el surgimiento de la conducta. Así que podríamos atisbar que los patrones familiares puedan estar sujetos a la herencia genética de enganches de redes neuronales predispuestas a encontrarse entre ellas. Surgiendo así la gran cuestión de la evolución. ¿Nacemos con unas predisposiciones innatas que condicionan nuestra existencia?

Ante esta cuestión es capital adentrarse ahora en su deriva intuitiva y obligada, la cuál nos lleva a la educación como estructura mental y conductual del individuo a lo largo de su vida. En esta educación familiar y escolar, se nos repite y se nos exige el esfuerzo innato en todo aquello que no realizamos con facilidad, y se invita al infantil a no trabajar en las labores que con facilidad realiza, pues ha de ser apto en todas las materias. Esta adaptabilidad múltiple de las materias físicas y cognitivas, donde el esfuerzo del individuo se halla dirigido hacia las falencias propias y no hacia las bondades, es causa de una involución natural de la especie. Tal afirmación puede ser recogida como un imprevisto por el lector, pero permítase explicarme.

Muchos son los que me cuestionan sobre la evolución de la especie y la cantidad de años que el homo sapiens lleva viviendo, 300.000 años, sin presentar cambio alguno en su morfología ni en su conducta. El neandertal por su frente huidiza y su volumen craneal y óseo en su cuerpo es claramente un exponente de su adaptabilidad al modo de vida glacial europeo. Como el habilis con sus dedos largos y la estructura de sus manos. Pero… ¿y el sapiens? Responder a esta cuestión evolutiva nos lleva a la cuestión del qué somos como biología, el neandertal era un ser fuerte, el habilis para ser hábil con sus manos. Pero... ¿cuál es la cualidad notoria del sapiens? Cuando la biología y la antropología advierte al hombre como un ser biológico, cae en el error de leerlo como un animal, y de esto mucho escribió el antropólogo y zoólogo Desmond Morris con su teoría del "Mono desnudo", donde al desnudar al ser humano de su cultura, en su desnudez él buscó atisbos biológicos del cerebro reptil para identificar al hombre como un meno chimpancés que adaptaba sus instintos biológicos de ingesta y de reproducción a una ínfula de culturas y adornos que decoraban lo natural e intuitivo de las causas finales de la existencia humana.

Es en este malecón de no observación evolutiva del sapiens, y cómo esta raza homínida que actualmente no vive en un entorno natural ni bosquense, adaptándose a su entorno urbanístico y cultural, no ha presentado adaptación alguna que marca una impronta biológica en su cráneo, en su sistema óseo o en su morfología de fibras.

Tal vez el esfuerzo educacional de trabajar aquello que no ha sido heredado, aquello que se nos presenta como incapacidad, frente al olvido de ensalzar las virtudes innatas heredadas por los ancestros en nuestro entorno biológico llamado cuerpo y mente, esté causando un desuso de las cualidades heredadas, y ante este marcado desuso, la ley biológica de la evolución natural de la especie entiende que ya estas cualidades positivas heredadas no son útiles, y cae en la desaparición de las mismas. Mas aquellas que son trabajadas son las ensanchadas y engrandecidas a partir del sacrificio, mas como sólo son trabajadas por una generación, no consigue la proyección evolutiva en la micro genética para su heredad.

Así que tras esfuerzos y olvidos, la raza Sapiens queda en un constante crecimiento y decrecimiento de lo individual, en pos a una posición coloquial y de lo mundano.

Cuando una vez más, el lector se cuestione sobre la evolución de nuestra especie, pregúntese cuáles son mis dones y virtudes, marcadas por la heredad familiar de generaciones incontables que han narrado su existencia en mi gen heredado, en mi cuerpo y mente. Y cuál es mi conducta con tal regalo. Dejando a un lado la visión material de las cosas, donde desde su eje cartesiano asume que sólo la existencia física es real, con su enfrentamiento de la existencia misma del ser como esencia del la propia existencia, tildada de religión, filosofía o existencialismo cultural.

En lugar de todo ello, poder comprender una unidad del todo, sea ejercicio principal para las adaptaciones de la llamada evolución biológica del ser, donde la virtud no es un regalo de la divinidad, sino una heredad de los ancestros.

Pues... creo que en verdad, el que evoluciona no es ni el cuerpo ni la mente, sino el ser, quien con sus usos biológicos altera la funcionalidad de sus entornos físicos para realizar en sus entornos naturales exteriores sus verdaderos deseos. Y aseguro que el ser reconoce la cualidad y la virtud de su entorno de forma innata, pues la negación de los mismos y la presencia del esfuerzo, siempre se presenta como ejercicio cultural y de obligación de dictado por estratificación social piramidal, ya fuera padre, profesor o jefe laboral, alcalde, policía o gobernador. Siempre el individuo se ve presente ante una figura de poder al que sucumbir, siendo él quien marca la presencia de la cultura del esfuerzo. Mas... ¿qué causa el esfuerzo?

¿Una negación del ser? Pues cadenas de péptidos y demás encimas niegan, retrasan y casi enferman la mente, la funcionalidad cognitiva y la ductilidad de las redes, e incluso, con su marca física desde la mente, causan enfermedades cardíacas, estomacales y demás. Si la cultura del esfuerzo causa enfermedad, es cultura de muerte. Mas... Darwin afirmará que toda evolución de adaptación al medio es un esfuerzo de combatir las personalidades enfrentadas de la existencia humana, como diría Ortega y Gasset, "Yo y mis circunstancias". Mas... opino que no es así. Que el esfuerzo obliga a trabajar con herramientas pobres y obliga a obviar las herramientas que realmente son propicias para la acción, entendiendo por herramientas las cualidades cognitivas y las aptitudes del individuo.

Claro que el esfuerzo es causa de ensanchamiento de la capacidad, pero dicho esfuerzo al ser acometido desde la virtud y el respeto de la evolución heredada, tal vez sea un esfuerzo tan intuitivo y voluntario, que se halle ausente de péptidos y demás encimas químicas, las cuáles marcan en forma de presencia física, la negación a la existencia que el ser siente.

Antropología, evolución darwiniana y con ella, biología, neurología y Epistemología, han de cruzar sus sendas con la psicología, en el punto conexo que ellas presentan en común, el reconocimiento del Ser del individuo.

CAPÍTULO II
ANTROPOLOGÍA

La obra de María Lara sobre las bases de la ciencia de la antropología, resumen de forma sobresaliente la corriente de la ciencia, y con mucho acierto el título se nos presenta como anillo al dedo para la raíz de la antropología, *"El arte de ser humano; Fundamentos de la Antropología"*, pues el concepto de humanidad, lejos de presentarse ahora como un vocablo que recoge la colectividad grupal del homo sapiens en el mundo, se alza como un tótem invocador en el cuál el concepto de humanidad queda atado a una esencia o néctar cultural, siendo la cultura surgida del desarrollo inusitado de la evolución neuronal del cerebro, aquello a lo que llamamos humanismo, convirtiéndose en un arte más que en una condición, en un modo de vida o en un estereotipo grupal o racial.

Repensar en esta cualidad en la cuál ser humano es un arte, nos dirige a sendas muy prometedoras para la humanización de la sociedad, la cuál por ausencias del ser, está deshumanizada. Hasta qué punto de inflexión, el pulso, la validez o el uso del arte como reflexión de la existencia de lo humano se nos quiebra, para así desde el instante de su desgarro conocer las esencias de la humanidad como cualidad o como arte de acción diaria, es un ejercicio digno para practicar y observar. Donde tal vez como defendía el antes mencionado Denis Morris, en esencias somos animales desnudos, meros chimpancés sin pelos. Pero que todo aquello que nos condiciona y nos aleja o enturbia esa realidad zoológica, es una cultura, un auto engaño, o como María Lara nos insinúa con su título, un Arte. Tal vez el Arte por excelencia que todo homo ha de practicar para humanizarse.

Si la humanización del homo es a causa de un arte, esta visión no puede estar sujeta a la línea biológica de Darwin con su evolución de las especies, y muy distante con la visión del autor y del sociólogo de su época, Herber Spencer, quien llegó a afirmar a hombros de las deducciones biológicas de Darwin:

"Esta supervivencia del más apto, que aquí busco expresar en términos mecánicos, es la que el Sr. Darwin ha llamado "selección natural", o la preservación de las razas favorecidas en la supervivencia."

Esta prolongación de la visión esencial del hombre desde sus néctares más incipientes, parece poder presentarse como una teoría teológica o filosófica de la biología natural donde el pez grande se come al chico y demás dichos populares existentes en la psique moral de nuestra sociedad, a pesar que los textos sagrados que dieron senda a nuestros modos de vida y cultura, estén henchidos de ejemplos, recuerdos biográficos o míticos, donde diseñan una realidad natural de las cosas contraria a esta visión del fuerte contra el débil, ya fuera con el Jardín del Edén, donde la mujer descrita como el sexo débil convence al hombre masculino y lo hace pecar. O cómo Goliat es vencido por el joven David con una simple piedra, o la misma biografía de Jesús de Nazaret Hijo de Dios, (que no Yashúa Ha Notziri), que nace como carpintero de una familia humilde y se enfrenta al gran imperio de Roma y al estamento de su estado hebreo.

El poder real de la prehistoria y de la Antropología como ciencias de la comprensión, es que en lugar de trabajar con grandes ramas del árbol, presentadas como inamovibles por su dureza y tensión, al bajar al submundo del gran árbol que es el mundo, comenzamos a trabajar en lugar con el tronco erguido y con fuertes ramas, con las débiles y delicadas raíces henchidas de vellos porosos que con el simple tacto se parten y dejan de llevar los sustentos necesarios a todo el árbol. Haciendo que éste fallezca o crezca según el trato otorgado a la raíz misma.

Como el trabajo acontece en estas raíces de lo que somos en origen y en lo erguido a lo largo de la historia del mundo del hombre se soporta en las causas que nos llevaron hasta nuestros días presentes. Cambiar, observar estas raíces y repensar las motivaciones que nos dirigieron hacia las metas actuales es abandonar la rigidez del sistema que nos ata, y en la observación de otras visiones, comprensiones y actuaciones de la realidad existente del hombre con otras culturas, nos hace cambiar la visión de las estructuras morales, psíquicas y estructurales que todo individuo y sociedad presenta.

Un ejemplo claro del darwinismo de Spencer como base estructural de la sociedad presente, en la expresión del empresario americano John Davison Rockefeller, quien afirmó en relación a su poder empresarial causó con su empresa Standard Oil el monopolio del crudo americano en su 90%. El empresario americano llegó a afirmar en público, en pos a explicar la razón ética de su crecimiento y dominio comercial la siguiente frase: *"El crecimiento de un gran negocio es simplemente la supervivencia del más apto"*.

Desde la historia podemos observar los acontecimientos acaecidos en el pasado que dan pie a esta verdad, como la fuerza tecnológica en la conquista y surgimiento de los imperios del pasado. Desde la Antropología vemos fácilmente los pensamientos darwinianos de la supremacía racial. A través de la política esta visión de supremacía ya sabemos lo que causó con el nazismo o el racismo negroide, pero... tal vez sea la psicología terapéutica la ciencia que pueda hacer esta cuestión al respecto de la legitimación del más fuerte como dominador del más débil.

¿Porqué defiendes tu posición, y busca en la defensa inflexiones, razones que sean naturales y dominantes al suceder de los acontecimientos, valorando la superioridad del fuerte sobre el débil, como ley de la naturaleza? O dicho de otra forma. ¿Por qué necesitas usar a la naturaleza para aprobar tus actos de superioridad? Pues toda búsqueda de aprobación, es defensa ante un fiscal que en el interior del ser, denuncia la acción de ser superior. O sea ¿por qué aprobar en moralidad, lo que en esencia es inmoral?

Llegados a este puerto del repensar la moralidad del individuo, es necesario ahora en tomar una pequeña barca, y con cierta tranquilidad y a remo, pues poco es el viento a favor en estas lindes del trabajo interior de la psique, nos debemos de dirigirnos a las playas griegas y adentrarnos en las cúspides de Atenas, para allí hallar la ética, la moral y lo bueno por naturaleza, pues si es fuerza de la naturaleza crear entes fuertes, y su fuerza es la destructora de los entes débiles como si fuera una especie de diosa Kali hindú. La naturaleza estaría henchida de animales voraces y devoradores, que sólo matan por su sentimiento de superioridad y tal sentimiento es únicamente un acto intuitivo obtenido por herencia de su madre naturaleza. Mas... si observamos al biólogo, al epistemólogo, que dio raíz al pensamiento darwiniano. Nos topamos con una visión preclara llamada "ecosistema".

La naturaleza es una aglutinación de un todo como un sólo cuerpo, el cuál al ser trastocado su equilibrio, todo el cuerpo sucumbe ante la falta o debilidad de esta pequeña mota ausente. De tal visión, tal vez el lector conocerá la teoría del caos y el efecto mariposa, donde la falta de una mariposa en Indonesia, puede causar un tsunami en la parte adversa del mundo, en las costas gallegas y de Portugal.

Es en la ética donde el valor de la minoría se alza como simiente razonada del repensar futuro de la próxima mayoría, siendo estas minorías sociales tal vez un grupo no conocido entre ellos, no afamado por su fuerza, pero sí reunido por su sentimiento trágico que los aglutina. Este sentimiento trágico aglutinador de minorías es un salvo conducto para evitar la ceguera social de la masa, hallándose en las minorías, en lo débil, en aquello que sucumbe, una individualidad y comprensión íntima del ser vivo, la cuál está ausente en la otra mayoría. Este tipo de reflexiones de las minorías y de las partes más débiles y enmudecidas de una sociedad, es un tesoro para la propia sociedad que debería de guardar, al conservar un sentimiento personal e íntimo capaz de salvar a la mayoría que por su fuerza victoriosa es ciega a la moral, a la ética y a la justicia. Comprendiéndose que toda masa social es un enorme animal que sin divagar, impulsa a una gran cantidad de individuos a lo involuntario y al dictado del pastor que dirige la masa, ausentando a una multitud de individuos del derecho de libertad.

La religión comparada, la antropología que recoge los mitos de la llamada "proto historia", con los mitos fundaciones de las primeras civilizaciones, o los trabajos sociológicos y etnográficos que son reflejos de la vida prehistórica nómada paleolítica, siempre hicieron referencia a un grado ético y moral en la causa de la supervivencia del individuo y de la sociedad, siendo el déspota, el lobo, el devorador, un individuo no deseable para el grupo, que como tal deseaba vivir en compañía y en sociedad armonizada. Aquí acontecen pilares como Humberto Maturana y Ximena Dávila con la Matríztica, o la arqueóloga Marija Gimbutas con su visión llamada "el mito del matriarcado prehistórico", o con los yacimientos arqueológicos de Atapuerca, donde un mentol dentellado daba un eco de sociabilidad prehistórica de cuidar al enfermo, sin olvidar el cráneo de Benjamina, claramente deforme, o el conocido hombre de Shanidar, Israel, quien sobrevivió cuarenta años en su cueva, a una fuerte caída con notables traumatismos, siendo necesarios los cuidados y los conocimientos médicos de sus iguales, sin olvidar el trabajo de Roberto Sáez titulado *"Evolución humana, Prehistoria y origen de la compasión"*, donde es esta cualidad humana, o sea, una cualidad surgida del arte de ser humano, es causante de la dirección evolutiva humana, y con ella, de las demás especies.

El débil y frágil equilibrio del ecosistema natural de la biología no puede soportar la voracidad del más fuerte como ley natural de las cosas, siendo Sócrates el gran exponente de la crítica al darwinismo.

El filósofo griego plantea que el fuerte y autoritario o voraz, aquel que sólo persigue riqueza, cuando sucumba y se vea sin ésta, la locura de sus atropellos le dominará y será un loco. Por ello, Sócrates tacha de locos a todo aquel invasor que mide su dominio en pos a la fuerza, afirmando que el mal es la ignorancia, y que la búsqueda del bien personal es hallado en la búsqueda del bien común. Platón afirmó al respecto:

"Buscando el bien de nuestros semejantes,
encontramos el nuestro".

Otra de las frases que Platón y Sócrates nos ofrece para el repensar de la antropología y la evolución de la especie sapiens, quien se cuestiona su humanidad como un acto de arte y no de sentido biológico, es aquella que recoge el concepto base de civilización, siendo éste la causa del estudio social de la antropología cultural, estudiar las culturas y las civilizaciones del mundo creadas por el hombre, para así, desde la cultura y la civilización como reflejo de las conductas y actos y pensamientos de los individuos que la componen, poder estudiar al hombre en su sentido más amplio. Por ello, Platón definió a la civilización como "La victoria de la persuasión sobre la fuerza".

Obligándonos a cuestionarnos; ¿no es la persuasión otro arte que ennoblece la mente del individuo? Pues muchos son los logros acontecidos en el mundo material de la economía, la riqueza y el mercado, surgidos desde la persuasión, como causa fundamental de la convivencia social del hombre, desde la persuasión romántica femenina al márketing y el mercado, con su oferta sobre la demanda que busca causar una demanda inexistente.

Comenzamos a observar ciertos paradigmas antropológicos, que hasta ahora esta ciencia no los ha puesto sobre la mesa, a pesar de tocar sus fibras más íntimas.

La humanización es un arte generado desde el sentimiento

biológico del sapiens, y siendo así debemos de aceptar que todo arte alimenta al arte en esencia.

La civilización, pues no hay humano sin ser civilizado, es un ser capacitado en renunciar a la fuerza y vencerla a través de la persuasión.

Por ello, el darwinismo de Spencer y de Rockefeller se nos presentan a la luz de esta visión, como raíces de una nueva raza homínida deshumanizada e incivilizada; pues toma en base la fuerza física natural de las cosas como potencia de supervivencia y existencia, haciendo a partir de la hegemonía de la fuerza, que el arte que causa humanidad no acontezca, ni la persuasión como impulso de civilización.

Retomar la senda de esta nueva raza homínida deshumanizada e incivilizada, sin ética, sin raciocinio, sin lógica y sin persuasión que es causa de la belleza, es un regreso a la selva natural del tigre y el león. Cuando el hombre nunca brotó de la selva, huyó de ella y se dirigió al bosque.

El ser humano es un animal bosquense, no selvático. Por ello, en la recolección el individuo en su soledad recolectora, tranquila y pausadamente canaliza su búsqueda, y su mente filtra toda la riqueza existente en el bosque, para únicamente advertir los enseres bosquenses útiles para su búsqueda. Así, en la mentira de la nueva era, se nos dice que somos seres creadores, y esta sensación de creacionismo con el pensamiento del deseo, no es más que la patología psíquica de la obsesión compulsiva surgida en la vida bosquense y no selvática. Pero lejos de ser una realidad, al observar este credo desde su origen, se aprecia como patológico y no como causa de verdad.

La obsesión compulsiva acontece en el individuo cuando no vive en el bosque, donde en la multitud de oportunidades ofrecidas por este, sólo su mente advierte aquello que le puede valer. Es un ejercicio humano y básico de supervivencia bosquense. Muy distinto al de competitividad y preparación intelectual o física para el aumento de su fuerza. En una vida bosquense, el obseso es quien halla enseres donde nadie los puede ver y salva al grupo; frente a una vida selvática, el obseso es engullido por el león, que oculto tras el follaje cazó al distraído individuo que sólo veía su realidad.

Por ello, para la comprensión de la evolución biológica del sapiens y el humano, que es raíz de la antropología, es necesario reconocer junto a que la humanización es un arte, y la civilización un arte de la persuasión. Hay que sumar que ambas cualidades artísticas acontecen en una raíz básica. La vida bosquense. En la selva no es posible el surgimiento de arte alguno. A este respecto el paleontólogo Eudald Carbonell, en su obra "Materia viviente, vida pensante", afirma:

"Conocer las propiedades emergentes y las ya emergidas, de la naturaleza, constituye el proceso matriz de todo este desarrollo humano. Seguramente, sin Newton, sin Darwin, sin Einstein, sin muchos otros seres geniales, ni seríamos como somos ni viviríamos como lo hacemos. Todos tienen en común que se han desenvuelto en un entorno sin el cuál sería imposible que pudieran dedicar tiempo y capacidad a descubrir qué es lo que nos rodea. Así pues, con mucha probabilidad, lo que nos hace humanos sea el conocimiento y el pensamiento".

Debiéndose sumar al pensamiento expuesto una gran cualidad, un entorno permisible a la observancia y al pensar, entorno que nunca puede ser la intempestuosa vida selvática donde el ser lejos de abstraerse en el pensamiento queda esclavo del latente peligro de ser cazado o cazar, una mera existencia de supervivencia alimenticia.

Esto puede ser defendido con la observación etnográfica de África como cuna de la civilización. Pues siendo el continente donde primeramente se asentó el homo sapiens, y donde mayor número de sapiens hay, pues los restantes humanos no negroides, no somos sapiens 100%, al presentar herencia genética de neandertal o denisovanos. No podemos inferir que la cualidad civilizadora y del desarrollo humano sea la cualidad biológica del Sapiens. Pues no hay desarrollo civilizador en el África profunda del Sapiens, sino que sus tribus indígenas mantienen las estructuras biológicas y culturales del modo de vida paleolítico de nómada cazador y recolector.

Pero aquellos que salieron de África causaron una genealogía en sus asentamientos fuera de África, de la cuál acontece el surgimiento de las civilizaciones humanas y la historia de la humanidad. La gran cuestión antropológica es porqué acontecieron estos desarrollos fuera de África y no en el lugar de origen donde el hombre nació. Siendo pilar antropológico el cuestionamiento llamado "Man out of África".

Pero... si hacemos caso al mito bíblico del Edén y el paraíso perdido. ¿Es acaso el Jardín el lugar propicio para hacer brotar el arte de ser humano, siendo la selva lo más adverso y abyecto del Jardín, y el bosque un intermedio?

Tal vez viviendo en el jardín, nos olvidamos de las razones por las cuáles se abandonó la selva y el bosque, e hicimos por abandono del jardín una selva del mismo, donde todos estamos encerrados y prisioneros de una gran selva que en su amplitud de miras y nuevos dominios, hoy ya cubre toda la faz de la tierra, sin permitir al individuo regresar al bosque como un Robin Hood, ni regresar a la selva natural del tigre y el mono, como un Mougli o un Tarzán, y menos aún, sembrar, cuidar y franquear tu pequeño jardín amurallado al que en Persia se le llamó Paraíso o pairidaeza, el recinto cercado y tapiado.

Una vez que desde un origen conviviente observamos los tres posibles orígenes del ser humano y del homo en su evolución en este mundo llamado Tierra, la segunda posición que la Antropología como ciencia cuestiona en su observación para la comprensión del Hombre como ente, son las capas creadas en su modo de vida, capas medibles, cuantificables y existentes como ciencia, para estudiar, fragmentar y divagar en pos a la esencia pura de su observación, que es el Hombre en su amplio espectro. Es en esta observación donde surge uno de los pilares, a mi parecer, de la Antropología cultural y biológica del hombre, la llamada Antropología de la cultura y la naturaleza.

CAPITULO III
CULTURA Y NATURALEZA

El factor humanizador elegido por la Antropología en su observación para el homo, elevándolo de una posición de simio a la posición de humano, es la cultura. Pero siendo la naturaleza el entorno común y único del hombre en el instante que se va humanizando, surge la cuestión de estudiar mediante la observación en los trabajos de campos con las tribus nativas hoy existentes, cuál es la relación del ser humano con su entorno natural y a partir de las características ofrecidas por dicho entorno, cuál es la respuesta de los hombres que en él viven, creándose así una cultura que cohesiona al grupo que lucha de forma conjunta por su supervivencia en este entorno natural.

La observación comienza a tomar un incipiente interés al percibir cómo las distintas culturas han surgido en relación a sus entornos, pero los entornos de iguales características, lejos de ofrecer unas culturas similares, han causado unas culturas dispares. Y a su vez, también hay que destacar la disparidad de culturas humanas surgidas de contornos naturales más que similares. Destacándose así en la observación de campo dentro de la relación naturaleza y cultura, que esta última no está sujeta al entorno natural como moldeador de la misma, pero sí está íntimamente relacionada y alimentada. Mas la observación nos lleva a un tercer grado ya histórico con la aparición de la era prehistórica llamada Neolítico, donde la cultura ya no es moldeada por el entorno natural donde se desarrolla, sino que ésta, la cultura, va a desarrollar y cambiar o alterar el entorno natural de las cosas. Surgiendo así una lectura radical para la comprensión de la existencia humana y la existencia natural de la propia biología, pasando de ser un ente inalterable y capaz de alterar éste al individuo, a verse ahora el hombre como un Dios capaz de alterar los entornos naturales a su capricho.

Fue en este momento del Neolítico cuando el hombre advirtiéndose como un Dios sobre las cosas, en pos a su capacidad de alterar los entornos naturales, abandona el credo chamánico o panteísta, donde él comprendía que el orden de los elementos naturales se hallaban bajo un gran creador o controlador del mismo, quien organizaba dicho orden mediante una multitud de espíritus voluntarios y fieles al gran espíritu, quienes éstos vivían en el interior de las grandes montañas, ríos o árboles o bosques, otorgándose así la existencia de un ser en el interior de cada uno de los enseres naturales. Y digo bien. Enseres, pues estos cuerpos con espíritus sagrados al ser alterados y modificados bajo el capricho humano, pasarán a ser enseres o útiles del hombre, surgiendo ahora una relación de necesidad de supervivencia y casi de esclavismo entre individuo, sociedad y posesiones, siendo éstas últimas las que le otorgan la supervivencia y no la aptitud de cada uno de ellos mismos por ellos mismos.

Conocemos esta senda dirigida a los días actuales. Pasando de ser seres libres y respetuosos con los otros seres naturales de presencia inviolable, a ser poseedores de los entornos y dependientes de ellos, tanto que la existencia misma del hombre ahora dependerá de estos enseres, y... una vez que la dependencia de la existencia del ser está cosida a la posesión de los enseres materiales, también estará cosida a la dependencia de los otros seres materiales, los hombres. Pues el razonamiento comienza a ser el mismo. Ver al hombre como un enser o material posible a la modificación, a la propiedad y al auto provecho del mismo como enser, es igual que repetir el primer paso y usar los entornos naturales a mi capricho o necesidad.

El neolítico fue la puerta al patriarcado, al modelo de vida patrimonial, posesivo y explotador, explotando ya fuera el bien hasta ser gastado y siendo sustituido por otro nuevo cuando ya no tiene validez su uso, como hacer lo mismo con el animal domesticado para el tiro del arado o el perro que ayuda a la caza para la presa, o el esclavo que sustituye al ganado, o el pueblo que sustituye a este ganado dirigido por un pastor, que para los humanos será llamado Ensi o Patesi en Sumeria, Faraón en Egipto y gobernador en las polis griegas.

A partir del neolítico, la producción agraria y ganadera que sustituye a la caza y recolección, trae consigo un cambio psicológico en el paradigma existencia de la vida en general, no sólo de la existencia del hombre, pues el individuo pasa de pensar en la posesión obtenida, (recolección, caza o pesca), como un regalo realizado por la diosa madre que los amamanta y los cuida; pues es hallado y entregado para el individuo. A recoger los mismos frutos pero al no ser gratuitos, sino producidos por el esfuerzo del individuo, éste se convierte en productor de los elementos naturales, se advierte como un Dios proveedor y sustituto de la diosa madre. Esta autoridad personal y autovalía de auto suficiencia, lo arrastra hacia una senda existencial más egoísta e individual, donde la relación social ya no es una dependencia de supervivencia con trabajo diario, sino que la misma se convierte ahora en un placer decorado o social, donde dicho placer llega a convertirse en cadenas de favores con el cruce de esfuerzos y producciones, surgiendo el mercado y la comercialización de los excedentes de producción, y a mayores excedentes, mayores mercados y redes sociales.

Ahora, el individuo pasa de ser un ser sociable por naturaleza en pos a su relación con los espíritus sagrados de su entorno natural, a ser un Dios en sí mismo, un dios creador o productor, que relacionándose con otros dioses productores de lo natural, desea conquistar y domesticar o usar en su producción a otros productores que produzcan para mí, un controlador de productores. Surgiendo así la corporación y el rey que aglutina a los productores, para con el trato social de otros productores, causar un mercado mayoritario. Este primer exponente lo tenemos entre el Patesi sumerio y el Faraón Egipcio en los malecones de la historia.

Tristemente el observador advierte cómo cinco milenios después, seguimos viviendo en las mismas metrópolis diseñadas con el templo en el centro de la urbe, obedeciendo por necesidad al gran gobernador que causa carreteras comerciales para el comercio del excedente de producción. ¿Qué observamos ahora con tal paradigma? Una sentencia : La producción y la divinidad es eterna, o sea, ancla la evolución.

O sea, la evolución biológica de la naturaleza converge, acontece y surge desde la relación íntima e igualitaria con la naturaleza, nunca con la producción y el dominio domesticador del origen biológico del que procedemos.

La violación del hijo a la madre, para crear por voluntad del hijo más iguales a él, no causa una realidad como la diseñada por su deseo. Ni causa educación ni transmisión de conocimientos. Causa hijos mal formados, así es la relación nuestra con la naturaleza y el dominio domesticador, productor y extractor que tenemos con la naturaleza de donde procedemos, pues no podemos olvidar la base fundamental de lo que somos como seres vivos. Seres biológicos.

Desde René Descarte, con su eje cartesiano, donde materia y espíritu fueron separados, se ha creado una corriente de pensamiento científico y espiritual donde ambas materias son adversas y tan separadas, que el cuerpo se convierte en cárcel del espíritu y éste en posesión del cuerpo. Hemos así olvidado la religión verdadera del espíritu en el sentido estricto y original del término religión, que es relacionarse, religare con el espíritu sagrado o la divinidad del entorno, del todo y de uno mismo.

Este choque de cultura, de visiones de la existencia misma de la vida y del hombre sobre la faz de la tierra, en relación a la cultura y la naturaleza, la tenemos expuesta como un tótem inamovible y sagrado, en la carta redactada por el jefe apache Seatle al presidente de gobierno de Estados Unidos Franklin Pierce. La carta es la respuesta a la intención de compra que el gobierno redactor para la adquisición de los territorios de Seatle, dominados por los apaches de la tribu Suwamish. Creo que la carta tiene expresión propia y validez filosófica suficiente, y exposición literaria tan notable y pre clara, por ello opino que no es necesario un comentario a la misma, tal vez aquí comprendamos cómo lo natural, y con natural hablo de espiritualidad y sentimiento, es tomado por enajenación, locura o conducta impropia de un ser civilizado para el hombre actual:

"El gran jefe de Washington manda palabras, quiere comprar nuestras tierras. El gran jefe también manda palabras de amistad y bienaventuranzas. Esto es amable de su parte, puesto que nosotros sabemos que él tiene muy poca necesidad de nuestra amistad. Pero tendremos en cuenta su oferta, porque estamos seguros de que si no obramos así, el hombre blanco vendrá con sus pistolas y tomará nuestras tierras. El gran jefe de Washington puede contar con la palabra del gran jefe Seattle, como pueden nuestros hermanos blancos contar con el retorno de las estaciones. Mis palabras son como las estrellas, nada ocultan.

¿Cómo se puede comprar o vender el cielo o el calor de la tierra? Esta idea es extraña para mi pueblo. Si hasta ahora no somos dueños de la frescura del aire o del resplandor del agua, ¿cómo nos lo pueden ustedes comprar? Nosotros decidiremos en nuestro tiempo. Cada parte de esta tierra es sagrada para mi gente. Cada brillante espina de pino, cada orilla arenosa, cada rincón del oscuro bosque, cada claro y zumbador insecto, es sagrado en la memoria y experiencia de mi gente.

Nosotros sabemos que el hombre blanco no entiende nuestras costumbres. Para él, una porción de tierra es lo mismo que otra, porque él es un extraño que viene en la noche y toma de la tierra lo que necesita. La tierra no es su hermana, sino su enemigo, y cuando él la ha conquistado sigue adelante. Él deja las tumbas de sus padres atrás, y no le importa. Así, las tumbas de sus padres y los derechos de nacimiento de sus hijos son olvidados. Su apetito devorará la tierra y dejará detrás un desierto. La vista de sus ciudades duele a los ojos del hombre piel roja. Pero tal vez es porque el hombre piel roja es un salvaje y no entiende. No hay ningún lugar tranquilo en las ciudades de los hombres blancos. Ningún lugar para escuchar las hojas en la primavera o el zumbido de las alas de los insectos.

Pero tal vez es porque yo soy un salvaje y no entiendo, y el ruido parece insultarme los oídos. Yo me pregunto: ¿qué queda de la vida si el hombre no puede escuchar el hermoso grito del pájaro nocturno, o los argumentos de las ranas alrededor de un lago al atardecer? El indio prefiere el suave sonido del viento cabalgando sobre la superficie de un lago, y el olor del mismo viento lavado por la lluvia del mediodía o impregnado por la fragancia de los pinos. El aire es valioso para el piel roja. Porque todas las cosas comparten la misma respiración, las bestias, los árboles y el hombre. El hombre blanco parece que no notara el aire que respira. Como un hombre que está muriendo durante muchos días, él es indiferente a su pestilencia.

Si yo decido aceptar, pondré una condición: el hombre blanco deberá tratar a las bestias de esta tierra como hermanos. Yo soy un salvaje y no *entiendo ningún otro camino. He visto miles de búfalos pudriéndose en las praderas, abandonados por el hombre blanco que pasaba en el tren y los mataba por deporte. Yo soy un salvaje y no entiendo como el ferrocarril puede ser más importante que los búfalos que nosotros matamos sólo para sobrevivir. ¿Qué será del hombre sin los animales? Si todos los animales desaparecieran, el hombre moriría de una gran soledad espiritual, porque cualquier cosa que le pase a los animales también le pasa al hombre. Todas las cosas está relacionadas. Todo lo que hiere a la tierra, herirá también a los hijos de la tierra. Nuestros hijos han visto a sus padres humillados en la derrota. Nuestros guerreros han sentido la vergüenza. Y después de la derrota convierten sus días en tristezas y ensucian sus cuerpos con comidas y bebidas fuertes. Importa muy poco el lugar donde pasemos el resto de nuestros días. No quedan muchos. Unas pocas horas más, unos pocos inviernos más, y ninguno de los hijos de las grandes tribus que una vez existieron sobre esta tierra o que anduvieron en pequeñas bandas por los bosques, quedarán para lamentarse ante las tumbas de una gente que un día fue poderosa y tan llena de esperanza.*

Una cosa sabemos nosotros y el hombre blanco puede un día descubrirla: Nuestro Dios es el mismo Dios. Usted puede pensar ahora que usted es dueño de él, así como usted desea hacerse dueño de nuestra tierra. Pero usted no puede. Él es el Dios del hombre y su compasión es igual para el hombre blanco que para el piel roja. Esta tierra es preciosa para él, y hacerle daño a la tierra es amontonar desprecio al su creador.

Los blancos también pasarán, tal vez más

rápidos que otras tribus. Continúe ensuciando su cama y algún día terminará durmiendo sobre su propio desperdicio. Cuando los búfalos sean todos sacrificados, y los caballos salvajes amansados todos, y los secretos rincones de los bosques se llenen con el olor de muchos hombres (y las vistas de las montañas se llenes de esposas habladoras), ¿dónde estará el matorral? Desaparecido. ¿Dónde estará el águila? Desaparecida. Es decir, adiós a lo que crece, adiós a lo veloz, adiós a la caza. Será el fin de la vida y el comienzo de la supervivencia.

Nosotros tal vez lo entenderíamos si supiéramos lo que el hombre blanco sueña, qué esperanzas les describe a sus niños en las noches largas del invierno, con qué visiones le queman su mente para que ellos puedan desear el mañana. Pero nosotros somos salvajes. Los sueños del hombre blanco están ocultos para nosotros, y porque están escondidos, nosotros iremos por nuestro propio camino. Si nosotros aceptamos, será para asegurar la reserva que nos han prometido. Allí tal vez podamos vivir los pocos días que nos quedan, como es nuestro deseo.

Cuando el último piel roja haya desaparecido de la tierra y su memoria sea solamente la sombra de una nube cruzando la pradera, estas costas y estas praderas aún contendrán los espíritus de mi gente; porque ellos aman esta tierra como el recién nacido ama el latido del corazón de su madre. Si nosotros vendemos a ustedes nuestra tierra, ámenla como nosotros la hemos amado. Cuídenla, como nosotros la hemos cuidado. Retengan en sus mentes la memoria de la tierra tal y como se la entregamos. Y con todas sus fuerzas, con todas sus ganas, consérvenla para sus hijos, ámenla así como Dios nos ama a todos. Una cosa sabemos: nuestro Dios es el mismo Dios de ustedes, esta tierra es preciosa para él. Y el hombre blanco no puede estar excluido de un destino común."

—Noah Seathl, Jefe de la Tribu Suwamisu. SEATTLE (EE. UU.)—

CAPITULO IV
RELIGIÓN, EXISTENCIALISMO Y ESPIRITUALIDAD

El sonido del mar, de la lluvia o la brisa, son sonidos que calman el estrés y apaciguan el espíritu, ayudándonos a buscar en nuestro interior la paz original sentida antes del nacimiento, la paz mantenida que nos otorga el descanso del sueño. Yo cuestiono la razón del efecto, ¿por qué sentimos una mayor relajación con un paraje extenso de verdes prados, que ante una elevación sórdida de vegetación aglutinada y selvática, donde no nos permite divisar el horizonte, por qué el sonido del mar o la lluvia y la brisa, son sonidos reparadores para la búsqueda de tranquilidad y paz mental y de mis sentimientos? La respuesta ahora es sencilla, después de bucear por los orígenes biológicos y naturales del ser humano, sobre los hombros de la antropología. La razón descansa en ser sonidos naturales relacionados en nuestra estructura de redes neuronales con la propia existencia de la vida y del ser. Y aquí, en esta deducción acontece la cuestión de forma obligada.

¿Es la presencia de la naturaleza la que nos otorga la paz necesaria para el recogimiento necesario, desde donde brota el arte de ser humano, donde brota el arte de repensar la existencia, surgiendo la cultura, y desde ella, con la sutil persuasión, vencer a la fuerza inquebrantable del estrés, para así surgir el ser civilizado, capaz de relacionarse con sus iguales, siendo sociable y religioso, pues se relaciona con los espíritus, (como el dador de respeto e igualdad), que les rodea?

Tal vez en estos renglones descansen las razones psíquicas y morales por las cuáles la mayoría de las personas, cuando pueden, usan su tiempo libre de descanso para viajar a lugares naturales y así buscar y hallar el contacto con su origen, ya fuera en la playa, en la montaña, en el campo o en el bosque. De forma natural, cuando podemos, nuestro instinto biológico nos dirige a la madre naturaleza, y como un bebé que toma de la mama la leche que le alimenta, nosotros buscamos este influjo para el alimento de nuestra percepción. Haciendo del descanso un retorno al origen, un recuerdo al estado primigenio del que procedemos como seres y como humanos.

Pues si ser humano es un arte, que con la acción de practicar dicho arte surge la persuasión que vence a la fuerza para dar paso a la cultura y la civilización, siendo necesario recordar siempre que la cultura es preámbulo obligatorio de la civilización, no surgiendo ninguna de éstas sin el paso previo de ser cultura. Debemos ahora, lector y yo, cuestionarnos si el arte de ser humano no es más que una digestión del alimento de la madre naturaleza en su lecho, el sueño del bebé que éste tiene tras ser amamantado. Lo digo pues la capacidad de ser humano está cosida a la misma esencia del ser por excelencia, siendo este arte y esta acción intrínseca de nuestra existencia, aquello que nos aleja del mundo animal. Pudiendo afirmar ahora que la diferencia entre el homínido, el animal y el ser humano, es precisamente tal cuestión, la de practicar el arte de ser humano, surgiendo éste a partir del contacto mismo con su origen y con su ser más primigenio, el cuál no es el cerebro reptil animal que Paul Mac Lean marcó como el origen cognitivo del hombre. Habría que corregir la visión antropológica del neurocientífico americano, no su visión clínica ni biológica, para afirmar que todo animal presenta este cerebro primario, para después todo mamífero presentar el cerebro paleo mamífero o límbico. Así que podríamos pensar en un árbol evolutivo único de la biología mundial, donde todo ser vivo procede de un mismo tronco, visión que en los últimos descubrimientos arqueológicos y genéticos, comienza a caer por tierra tal visión, y ser nombrada como una mera explicación primaria de los concepto a modo de presentación inicial, o una forma ancestral y errónea de la visión real de la biología. Por ello, ¿cómo debemos entonces leer la visión de Paul Mac Lean y sus tres cerebros biológicos como presencia de la mano de la evolución natural de las especies?

Desde la biología, esta respuesta no puede darse en su entorno más científico, se vería la respuesta ausente de pilares que soportaran su estructura, pues muchos de sus pilares no pertenecen a la biología, aunque algunos sí lo hagan. Desde la antropología, acontece lo mismo, como también desde la neurología. En definitiva es necesaria una visión multi disciplinar para dar respuesta a las nuevas cuestiones que en lo referente a la evolución de la existencia en la tierra y de la presencia de la vida, comencemos a ofrecer al mundo desde la investigación, el estudio y la ciencia. Pues todas las respuestas que cada una de las ciencias podía ofrecer por sí mismas, ya las han ofrecido a lo largo de estos largos siglos de ciencia rigurosa, material y cuantificable desde el renacimiento. Ahora, los nuevos paradigmas que el mundo puede comenzar a bucear y divagar en ellos, son cuestiones que exigirán trabajos en grupo donde la respuesta acontezca en la mesa donde se reúnen y aportan las dispares visiones y respuestas las ciencias conocidas. Hasta ahora, a la vida y al hombre lo hemos fragmentado en multitud de partes, cortes, fracciones y porciones. Es hora de reconstruir una visión más unificada, global y completa, más pantéutica, de la existencia en nuestro planeta.

Esta visión global de las cosas existentes para la comprensión de la existencia fue la primera visión del científico prehistórico y proto histórico, de donde surgieron los mitos, los credos y después las religiones. Tal vez recuperar estos trabajos de observación humana de la existencia del todo, sin datos científicos pues no se conocían aún, pueda ser un buen semillero de ideas posibles para iniciar una búsqueda por las sendas ya conocidas de la ciencia actual.

Así, volviendo al cerebro triple de McLean, para tener una lectura más afín a su observación tras las visiones neuronales, genéticas y biológicas actuales, que niega una evolución de las especies única y piramidal, donde el hombre humano, cultural y civilizado es el piramidión de esta pirámide perfecta de la naturaleza. Podríamos rescatar los trabajos greco egipcios de la Hermenéutica y de la metafísica de Aristóteles. Donde la visión global del mundo, en la cuál se tenía la percepción del átomo siglos antes a la era cristiana, afirmaban ellos que toda la existencia de vida obedecía a una serie de leyes impuestas por el creador, por la naturaleza o por la vida. No entramos en la visión cultural y religiosa del origen de las cosas como diría Aristóteles. Pero sí nos adentramos en el ejercicio de observación y lógica que los ancestros tras años de estudio comenzaron a divagar.

Ellos afirmaron que existía una ley que dirigía e impregnaba con su presencia toda la existencia. Siendo Isaac Newton quien también trabajó al respecto con las matemáticas, para finalmente mediante Albert Einsteim lleguemos a la llamada Teoría del Todo de la física cuántica, donde toda la existencia del universo está basada y causada por una misma ley matemática. Una única ley que en biología y paleontología sería la evolución darwiniana, y todo el cuerpo biológico a observar y experimentar en los estudios, como fuerza natural impulsora de la existencia y origen cambiante de las especies.

Por cuanto, si el cerebro reptil y paleo mamífero o límbico del ser humano se encuentra en la fase más primaria, y el reptil recibe su nombre por estar en todos los reptiles y demás animales. Tal vez la observación no nos esté enseñando que antes de ser humanos fuimos reptiles, y que nuestra columna vertebral es una gran serpiente como pensaron los romanos. Sino que todo ser vivo está sujeto a una ley única en la formación de su cuerpo. No hay seres con cuerpos triples, todos presentan una ley de duplicidad, dos pulmones, dos ojos, dos piernas y dos brazos o dos alas. O el caso del cien pies, dos líneas de pies pares.

La genética del tiburón nada tiene que ver, en los conocimientos actuales, con la del tigre o con la humana. Pero procedemos del agua todos los seres terrestres, y todos tenemos un 80% de agua en nuestro cuerpo, y observamos animales prehistóricos como el Tictalic que presenta el primer hombro y codo para vivir dentro y fuera del agua, siendo el origen de todos los brazos y patas terrestres. Pero... ¿hay datos científicos para pensar en una evolución única desde el tictalic o la ballena de cuatro patas, hasta el hombre o nuestro perro o gato doméstico?

Tal vez la visión romántica victoriana del creacionismo en la comprensión de los científicos darwinianos, les jugó una mala pasada en la búsqueda del eslabón perdido, exigiéndole el hombre a la ciencia el punto concreto y único desde el cuál brotamos. Nuestra matriz, nuestro dedo divino, nuestro instante creacional. Y tal vez, a hombros de la visión metafísica y hermética de los greco egipcios, estas equidades no obedezcan a una evolución genealógica de padre a hijo, sino a la existencia de una ley de vida existencial.

Es como afirmar en astronomía que si todos los planetas, satélites o estrellas son redondos, todos los planetas y cuerpos celestes proceden del mismo, y que nuestro planeta Tierra al tener un núcleo incandescente como el sol, en origen era un sol, así que la evolución natural es que el sol se convierta en un gran planeta, o que nuestro planeta como evolución natural se convierta en una estrella. Pero para el cosmólogo, esta visión es un chiste. Comprende la formación de cuerpos celestes desde una visión de leyes cósmicas donde todo cuerpo existente en el universo es esférico, y que tal vez su forma sea dada por la fuerza de la gravedad que como si en un canal o vía de tren se tratara, hace que todos los cuerpos celestes giren en rededor de un cuerpo mayor a ellos. En relación al cuerpo físico de un ser vivo, también afirmará que su tamaño y su cuerpo está cosido directamente al valor de gravedad dado en su planeta, haciendo que nuestro cuerpo flote en la luna como si no pesara más que unos gramos, o que fuéramos aplastados al tamaño de una hormiga nuestro cadáver y vísceras si pisamos algún planeta con un valor gravitacional mayor al de la tierra.

Con todo esto, no quiero indicar que la evolución biológica del hombre no proceda del mono o que no seamos homínidos, sino que la visión antropológica de las facciones biológicas de nuestro cuerpo, lejos de ser prueba de una evolución geneaológica y familiar, también pueden estar sujetas estas equidades entre seres vivos a una ley universal o planetaria para los cuerpos con vida, no olvidando el trabajo titulado "Tu pez interior" del anatomista Neil Shubin.

El lector pensará ahora, ¿qué tiene que ver esto con la religión y la relación del individuo como ser social, en relación al título del capítulo, y con la psicología y la antropología?

Querido lector, la respuesta es mucho. Tal vez aquí estemos ante la esencia y causa del presente trabajo de investigación o divagación, para hermanar la antropología con la psicología, pues es este ala de la psicología la que permite ver desde la ciencia la existencia propia del Ser, del Yo y de un posible Supra-Yo, siendo esta ley que modula los cuerpos y las características fisionómicas necesarias para albergar vida en dicho cuerpo, sea lo que desde la antropología hemos estudiado con los mitos y las religiones comparadas.

La presencia de una supra ley o norma de vida, es lo que aupó las bases científicas del fallecido Humberto Maturana para ofrecer una respuesta al concepto de qué es un ser vivo y qué es un ser muerto, para acercarse así a la gran cuestión de qué es la vida, la cuál no puede nunca darse sin un nicho biológico que permita la existencia biológica con el ejercicio de auto generarse por sí mismo, acto que sería llamado Autopoiesis. Esta base biológica ahonda en los más profundo de la psiquis humana y en el arte de ser humano, pues tal ley de la vida marca un dogma y norma para la conducta del vivir, tal dogma es la auto realización, esta autopoiesis biológica tiene una esencia energética o psíquica que es valerse como sí mismo, identificándose así la auto cognición que lleva al individuo a advertirse como un ser propio e individual, la llamada auto consciencia. Por ello, si la autopoiesis biológica de los cuerpos más sutiles de la naturaleza es una autorealización y una autoconciencia de reconocerse a sí misma en su capacidad del vivir por uno mismo. Habría que aceptar que la auto consciencia no es única del ser humano, y que esta auto consciencia es un reflejo autónomo disfrazado de cultura y de arte humanístico, donde al eliminar dicho disfraz, comenzamos a buscar sin hallar el origen de la consciencia. Donde tal vez la autoconciencia pueda ser un disfraz noble y bello del egoísmo que el niño menor de 6 años ofrece al observador psicólogo y pediatra con su disposición mental y neuronal, donde el niño sólo piensa en sí mismo, siendo incapaz de pensar en un segundo o tercer sujeto que no sea él. Por ello, la auto consciencia de uno mismo es la dada en el instante del nacer, es la capacidad de consciencia múltiple en el otro, con la congoja o la compasión, la característica que ennoblece al humano, la capacidad de salir de uno para adentrarse, comprender y vivir en el otro.

En este viaje de salir y entrar en uno, es cuando el ser humano toma consciencia verdadera de su identidad personal por comparativa sensorial y mental del vivir el sentir ajeno y el sentir propio y poder ponderar, comparar y discernir en un diálogo expresivo, sentido o verbal.

En esta cualidad del ser otro para después ser uno mismo a su regreso, es la cualidad de la espiritualidad, de la relación que da paso a la religión como religare, no como culto, al diálogo, a la conversación, a la ética, a la filosofía que busca comprender en su profundidad el todo y el otro, como así la psicología y demás ciencias, donde todas comparten un mismo hilo de tejer, el deseo de comprender la otredad que uno es y que uno tiene en su alrededor.

Por ello, la mayor religión es comprender esta norma que mide las formas de los cuerpos vivos, siendo la espiritualidad el arte y el ejercicio de ser otro desde el yo. Mas cuando comprobamos desde lo social y filosófico el sentimiento trágico del prójimo, el amor del prójimo, o la vergüenza ajena de éste como un acontecimiento que le pasara al individuo observador directamente, advertimos aquí la capacidad mental de crear identidades cognitivas o mentales, desde las cuáles el individuo puede recrear personajes diversos y jugar con ellos desde su personalidad real a modo de disfrazarse a capricho o jugando a truncar o viajar a otras realidades por el mero placer del "desconectar" o imaginar.

En antropología evolutiva es a esta capacidad cognitiva y a este instante histórico desde el cuál el hombre conquista tal acción mental, cuando comenzamos a hablar de interacción social y de cognición, surgiendo aquí la afamada observación del paleontólogo español Juan Luis Arsuaga, director del yacimiento de Atapuerca en Burgos; quien afirmó la imposibilidad que los Neandertales tendrían, por su falta de capa frontal, para poder ser hincha de un equipo de fútbol.

Esta visión que puede a priori presentarse a los ojos del lector como algo insulso, ausente de importancia, guarda una visión de la realidad del hombre actual, el sapiens, la cuál obliga a replantear la existencia psicológica y existencial del homo sapiens. Esta visión lo que busca es apreciar que la identidad ajena, con la congoja o la identidad personal de pertenencia a un colectivo, la cuál se nos presenta como una herramienta de la mentira, pues en el estudio neurológico de los cráneos neandertales, se estima que ellos no podían imaginar realidades complejas que disfrazaran la realidad natural de las cosas, llegándose a pensar que no podían mentir. Su cerebro solamente podía comprender y captar la realidad tal cuál es, generándose una visión existencial del neandertal, la cuál lo imponía como un ser imposible de generar una cultura.

La distopía y la contradicción a esta visión del neandertal y de Atapuerca, y con estas dos visiones, un replanteamiento de la condición humana del funcionamiento de nuestro cerebro y de las patologías mentales que podemos percibir asociadas a la mente. Surge el trabajo del grupo de este paleontólogo, con el Dr. Mendizabal a la cabeza, quien con la ayuda de una forense de la policía de Madrid, investigó si la llamada Sima de los huesos de Atapuerca, un lugar recóndito de la cueva burgalés, el cuál se sitúa a más de 2 horas de camino cueva a dentro, pasando por recónditos pasillos donde el cuerpo apenas tiene sitio de paso. Y allá en las entrañas de la cueva se acumulan los restos óseos de más de veinte individuos de raza homo heidelbergensis , una raza homínida anterior al neandertal.

El trabajo de investigación entre los paleontólogos de Atapuerca y la forense de la policía de Madrid, era estudiar como a modo de asesinato, si la muerte de los veinte cuerpos hallados en la oquedad de la cueva, aconteció en el sitio donde descansan sus restos, y es una acumulación accidental de huesos. O por el contrario. La muerte de estos individuos aconteció fuera de la cueva, haciendo del lugar recóndito un cementerio sagrado y simbólico donde deja clara la capacidad cognitiva de comprender una vida después de la vida vivida y presente, una vida después de la muerte.

El estudio como se presuponía, arrojó que las muertes acontecieron fuera de la cueva, comprendiéndose un sílex de color rojizo tallado en forma de punta de lanza, como una ofrenda fúnebre, al ser hallado entre las osamentas del lugar, haciendo de dicha pieza arqueológica la primera ofrenda ritual de la historia del hombre, llamándose "excálibur", y presentando una datación del 400,000 años.

Surge aquí un dilema que hasta ahora, la antropología ha intentado bucear y trabajar con los enteógenos chamánicos y los estados alterados de la consciencia desde la antropología cultural, pero que no se ha trabajado desde la paleontología y desde la arqueología biológica de la evolución de nuestro cerebro, o sea, desde la antropología evolutiva. No deseo hacer aquí una tesis neuronal de la evolución del hombre para dilucidar la realidad antrópica o humana del yacimiento de Atapuerca y su completa comprensión como lugar sagrado y fúnebre, ya que se nos presenta como uno de los enterramientos más antiguos del mundo, si no es el primer enterramiento sagrado y voluntario del mundo.

La cuestión que arroja el yacimiento de Atapuerca es si imaginar o soñar con una vida después de la muerte obedece a un ejercicio cognitivo y mental; o por el contrario, obedece a una visión extra sensorial de una realidad paralela a la existencia física y biológica. La cuestión presente está enmarcada en los marcos limítrofes de lo comprendido por la ciencia de la neurología y de la antropología evolutiva.

Si aceptamos que todo ritual de vida tras la muerte obedece a una comprensión imaginativa, cultural y religiosa del individuo que sufre el trauma de perder a un ser querido al fallecer; debemos de replantear la funcionalidad de nuestro cerebro, y admitir que aunque el cerebro de homo sapiens ejecute procesos imaginativos y culturales con su corteza frontal, también estos mismos procesos otras razas y otros animales, pueden ejecutarlos con otras partes de su cerebro, al no tener dicha corteza frontal sapiens.

Por el contrario, si aceptamos que el cerebro sin corteza frontal, es incapaz de crear una realidad imaginativa paralela a la vivida en su realidad biológica y presente, no siendo capaz de diseñar un futuro más apetecible para el individuo. Significaría que la visión existencial de vida tras la muerte no obedece a una imaginación cultural o traumática, sino a una comprensión real de las cosas existenciales.

El presente recorte es extraído de un artículo del periódico "El País", firmado por Alicia Rivera el 8/1/2003 en Madrid;
"El célebre paleontólogo Henry Lumley, tras ver
Excalibur y visitar la sima, escribió en el cuaderno de
la excavación en 2001: "Cómo me ha emocionado

*pasar unos instantes en esta cámara sepulcral,
testimonio más antiguo del nacimiento de los
primeros mitos de la humanidad""*

Y es aquí cuando surge el cruce entre caminos del hombre, del individuo y de su existencia. Aquí, en el entroncado abismo de cuevas y pasadizos de las entrañas de la tierra, que desde la visión paleolítica se nos alza como una madre que recoge a sus hijos en sus entrañas para volverlos a renacer. Siendo la posición fetal de los cadáveres la más común hallada en las sepulturas prehistóricas incluso hasta el calcolítico, era posterior al neolítico. Reflejando tal vez una intención filosófica o comprensión de las cosas del enterrador. Colocar el cadáver en la posición del feto en el vientre de su madre, prepararlo para su regreso, abriéndose el paso para tomar la idea de reencarnación como el concepto religioso y espiritual más ancestral hallado entre las distintas culturas del mundo.

Este cruce de caminos nos ofrece una senda existencial de aceptar un devenir de la existencia como real.

Una segunda senda nos abre una veda para advertir que la existencia biológica del ser humano es un vacío predispuesto a ser cubierto por la cultura surgida de la mente del hombre.

Una tercera vía nos lleva con un tren muy rápido a una parada tenebrosa o para otros, liberadora. Toda identidad de nuestra realidad social, laboral y diaria, es mentira, es una ilusión. Tenemos tal capacidad para imaginar ser otra cosa, para identificarnos como identidades pertenecientes a un equipo de fútbol, a un grupo político, sintiendo como propio lo acontecido en lo ajeno. Que incluso lo que hacemos a diario, nuestra profesión, nuestra conducta y todo lo que rodea a las múltiples identidades que el individuo presenta en sociedad, (política, cultural, social, laboral, grupal, íntima...) son creaciones imaginativas de su mente, quien juega a ser una multitud de personajes dispares, los cuáles son creados como reacción a la gestión del individuo con sus entornos vividos. Como se suele repetir en antropología, soy cristiano por nacer en España, y por ello al fallecer veo a Jesús, pero si he nacido en la India, soy budista o hindú, y al fallecer veré una vida pasada con la que me identifico, o veré a Buda o a Krishna. Como si todo el compendio existencial se hallara cosido a la cultura vivida, y ésta impregna tanto al ser, que todo lo relacionado con el ser esencial del individuo, es un espejo donde proyectar la gran amalgama de la cultura y la mente vivida.

Surgiendo así una cuestión severa. ¿Es el ser una realidad tácita, o un espejo que refleja de forma convexa y estereotipada, una multitud de imágenes sueltas de nuestra mente causadas por el condicionante exterior?

La psicología y la antropología, siempre se han encontrado en una investigación concreta y ancestral para la corta historia de sus ciencias. El éxtasis religioso, siendo para el antropólogo un centro de investigación con el chamanismo, y la visión religiosa de la literatura, como las de San Francisco de Asís o las de Santa Teresa, un trabajo de campo en el tiempo literario para el psicólogo. Siendo este punto de inflexión tal vez, el puente más usado para dilucidar, investigar, repensar y surcar ciertas profundidades oceánicas que recoge la segunda gran cuestión del hombre. ¿Qué soy?

Ante la cuestión surge un eco lejano del hinduismo, que con su lengua altera la comprensión de toda la realidad vivida en occidente, pues nuestras lenguas son herencia de su lengua indo-europea, y con la palabra identificamos y marcamos para la comprensión las cosas acontecidas y colindantes a nuestra vida. Este eco es "un espíritu en una vasija llamada cuerpo". Para el cristiano hablaría de Cuerpo, Espíritu y Alma. Parece que fuera una comprensión paleolítica de la posición fetal del cadáver, indicando que el fallecido puede volver a nacer, puede volver a retomar a la vida con otro cuerpo. A este respecto, el chamanismo también tiene mucho que aportar en la visión de un espíritu que ocupa otro cuerpo, una posesión podríamos llamarla, cuando el chamán afirma ver con los ojos del águila o ser en su ritual, un oso, un búfalo o cualquier otro animal de poder. Observándose esta práctica tanto en la pintura rupestre paleolítica, como el león de Stadel con cuerpo humano y cabeza de león, o el hombre bisonte de Lascaux. Y como ejercicio de antropología cultural, podríamos hacer una deriva sencilla, donde la visión chamánica del contacto del espíritu con el del animal, y ambos se fusionan como uno, surgiendo la visión del hombre león o el hombre bisonte; es la cultura matriz que dio nacimiento a la religión egipcia donde sus dioses tienen cuerpo humano y cabeza de animal, tal vez como recuerdo deificado de grandes chamanes que contactaban o convivían con su espíritu de poder en su cuerpo.

Obligándonos a cuestionar si ¿fue este contacto o ejercicio ilusorio de ser otra cosa no humana, ejercitado por el chamán de la tribu, la raíz de las deificaciones religiosas que a posterior la vida humana con sus culturas han creado, en el segundo ejercicio de mezclar la cultura heredada por sus ancestros, con sus deseos postraumáticos del vivir?

Esta visión del éxtasis religioso, ya fuera del chamán que cree ser un águila o un jaguar, o de la religiosa o religioso que cree ser Dios o Jesús, o estar ante su presencia, puede ser tomada desde una visión psiquiátrica y biológica, donde el paciente sufre un trastorno neuronal donde las visiones son comprendidas como alucinaciones asociadas a una esquizofrenia, que la ciencia actual lo toma como una enfermedad mental. Pero que si cambiamos la cultura, por ejemplo la hindú, afirmar en público que el individuo ha tenido una visión religiosa no es causa de trauma o esquizofrenia, sino causa cultural de un despertar sensorial, exigiéndose un segundo paso más profundo en su visión, lejos de huir y criminalizar la situación del individuo. Así en la India en lugar de tachar de locura la visión, instan al observador a seguir observando, a ir más allá hasta no ver a la divinidad como un tercero o un segundo, sino a conversar con ella, como una segunda persona, para después en una introspección del sentimiento causado por las células espejos, donde el individuo cree ser la otra persona con la que habla. Llegar a afirmar que él es Dios mismo. Y muy lejos de llevarlo a las puertas del psiquiátrico, lo dirigen en una senda religiosa donde controla su éxtasis y lo normaliza.

Desde la antropología cultural y biológica, estos aspectos comparados de la tradición, la cultura y la geografía, nos puede ayudar a trazar líneas nuevas surgidas de la mezcolanza de ambas visiones, que hasta ahora aún no se han tratado en la observancia científica. Pero sí, como dije antes, se han tratado en los textos y en las visiones culturales y religiosas del pasado civilizador, como en los textos hermenéuticos del Egipto Ptolemáico griego, o en los textos metafísicos de Aristóteles y Pitágoras. Donde la visión partida del eje cartesiano es truncada, cambiada y retornada a un puente que converja las dos orillas del río común.

Así, para la visión hermenéutica grego egipcia, el todo es uno y el individuo es un contactado del todo. Afirmándose o reconociéndose que toda existencia ajena a esta comprensión de pertenecer a un todo, de ser Dios, es una visión existencial teatral, circense, sujeta a la mentira de una mente que diseña la realidad del individuo, como antes vimos con el teatro o la comprensión cognitiva de la corteza frontal, que nos permite diseñar, imaginar y proponer existencias múltiples donde crear personajes estereotipados, que regirán la vida del individuo en lo social, profesional o íntimo. Aquí es donde surge una gran cuestión.

¿Quién está más loco y cuerdo, aquel que vive un personaje inventado, y que puede cambiar su realidad a capricho reinventándose y cambiando de matrimonio, profesión o lugar de trabajo, abduciendo que es todo un juego circense y falso, que al no estar sujeto a la norma de la realidad, todo es cambiable y líquido, como diría Zygmunt Bauman; o aquel quien afirma soy un todo, y como ser, tengo la capacidad de ser mi capricho en la infinitud de toda opción posible?

Tal vez desde la interculturalidad ofrecida desde la sociología cultural y la antropología cultural, sin olvidar la sociología educativa que observa los patrones neuronales de la comprensión de los conocimientos del individuo desde pequeño, y cómo estos patrones cognitivos se hacen presentes para las dispares comprensiones de una misma realidad, surgiendo aquí los trabajos de Jean Piaget por ejemplo, o desde el estructuralismo cultura de Claude Lévi-Strauss, la comprensión de las realidades existenciales del individuo y de la sociedad, marcadas por el encuentro del yo y mis circunstancias, como Gasset reflexionó. Puedan ofrecer respuestas de comprensión propia de la realidad vivida, causando una autocuración del individuo al reconocer la realidad desde una múltiple visión de la misma. Esta ejecución del trazo psicológico y terapeuta es usada como escalón primario por el profesional psicólogo con el paciente, agarrándose a la plasticidad neuronal de nuestro cerebro. Eso lo sé.

Pero me refiero a enriquecer estos entornos culturales que ofrecen una visión tan dispar de la misma realidad, que en su gran amalgama de múltiples visiones posibles, que las culturas han elaborado de la existencia del hombre en la tierra. Tal vez podamos hallar en la memoria del pasado cultural humano, respuestas cognitivas, respuestas de modos de vida a llevar, que ofrezcan entornos positivos para la "convivencia del trauma o de la visión sensitiva" que el paciente pueda ofrecer.

Así, toda esta visión desde la cuál, intento replantear los trabajos sensitivos del paciente psicológico, con una relación del individuo con su mundo y con su todo, y para su replanteamiento escojo los hombros de Freud y de Jung, desde el trampolín de Lévi-Strauss y su estructuralismo cultural, quien defiende que todas las culturas, por dispares que sean, siempre ofrecen una estructura común en relación al orden de las cosas, identificando que hay cosas que se hallan siempre arriba, otras debajo, y otras a derecha o izquierda, o delante y detrás, como seres de tercera dimensión que somos en la evolución cognitiva cerebral.

Así, opino que igual como Freud dedujo que muchos traumas psicológicos descansaban en traumas de la niñez y éstos en traumas carnales o en instintos zoológicos, como diría el zoólogo y antropólogo Desmond Morris con su mono desnudo. El individuo cabalga desde el instante de ser un feto antes de nacer, en un corcel existencial mediante el cuál se comprende a él mismo como un individuo propio conviviente en un entorno. Entorno que ya pueda ser el vientre materno, o la naturaleza bosquense, ajardinada o selvática, o un entorno social urbano, ausente de impulsos naturales y henchido de impulsos sociales, ya fueran éstos sociológicos, culturales, profesionales, económicos o políticos.

La mala convivencia del individuo con su entorno es la causa de todo mal mental, o al menos es mi opinión.

Desde la antropología se observa que la evolución de las especies es por convivencia con los entornos, por adaptación. Pero... ¿qué ocurre, no con la raza, sino con el individuo que no se adapta a su entorno para la evolución grupal de su raza mayoritaria? Aquí nos adentramos en los derechos políticos de la mayoría y de una minoría, con las heroicidades del individuo contra el régimen o el fuerte, David-Goliat, Yashua-Roma, Espartaco-Emperador Craso.

Kent Willber habló en sus trabajos de observación sociológica desde su visión de la psicología transpersonal, del centro imantado cultural que toda sociedad tiene, el cuál atrae a los individuos de la misma hacia él, a su centro cultural, haciendo de salvador para los individuos que caen y son rescatados de su caída para devolverlo al centro cultural. Como también el mismo se presenta como un degollador descarnado para aquellos individuos que desean sobresalir y alejarse por encima de dicho centro cultural. Ya sabemos que dominar el nivel de dicho centro cultural, es dominar el conocimiento y la aptitud de toda una sociedad, siendo los trabajos sociológicos y psiquiátricos de Michael Foucault los más representativos de este centro cultural.

Por tal motivo, afirmar desde esta linde de visión de la existencia, que el hombre como ser vivo es un ser sintiente, sapiencial y cognitivo, se nos presenta como un hecho básico e innegable. Y como ser ha de buscar las sendas de modos de vida, más oportunas, para convivir su vida corporal y material o social, con su vida sintiente y cognitiva de su ser. Por tal, afirmar ahora que la verdadera religión que el ejercicio de relacionarse con uno mismo, es un eco olvidado de todas las religiones del pasado, que a fuerza de olvidos, no advertimos esta realidad como corazón propio de las religiones del mundo.

En el Corán podemos leer "Y no seáis como quienes se olvidan de Al-Iáh y Al-Iáh les hace olvidarse de sí mismo. ¡esos son los corruptos!"; "Quien se conoce a sí mismo, conoce a su Señor"; "el conocimiento de uno mismo es el más beneficioso de los conocimientos". En el pórtico del templo de Apolo en Delfos, Grecia, se podía leer "Conócete a ti mismo", frase que sería atribuida y usada como aforismo filosófico a Sócrates, Pitágoras, Solón, Heráclito, Tales de Mileto o Quilón de Esparta. En la Biblia cristiana, en el libro Efesios, se puede leer; "Conócete a ti mismo, para que puedas conocer a Dios". (Ef.4,23) Durante más de 18 veces en el Nuevo Testamento, se lee a Jesús afirmar "Yo soy", concretándose que el reconocimiento de identidad propia es una conexión espiritual. Conocerse a uno mismo es filosofar sobre la misma existencia del ser como identidad. Y este ser es descarnado y desculturalizado e incluso desocializado.

Observar ahora la religión de los chimpancés en mitad de la selva como ejercicio antropológico y como búsqueda del sentimiento religioso del hombre, nos plantea ahora que la verdadera religión, ni es una relación del individuo con el clero como puente o teléfono para contactar con la divinidad, ni es una relación secundaria del individuo con la divinidad. Sino una relación propia del individuo con sí mismo. Esta es la verdadera religión, relacionarse con uno mismo desde su auto conocimiento, reconocerse sus sombras, llamadas a veces pecados, y su plasticidad neuronal, llamadas a veces enmiendas. Por ello, la religión es un ejercicio personal y propio del individuo con su ser, y no una amalgama de cultos, obedientes a una cultura social y terciaria. La religión no ha de tener culto, sino que lejos de ser un fin propio de la evolución cognitiva del hombre, en su caminar por el despertar y coleccionismo de capas neuronales evolutivas, es un regresar a su origen más primigenio.

La religión es una relación con uno mismo. Y como afirmó Buda, *"Todos los estados están en la mente, la mente son todos los estados"*, deduciéndose que todo es mental, al igual como acontece con un yacimiento, cuando podemos ver los huesos de Atapuerca como acumulación ósea de hombres de un pasado lejano, o podemos ver la intención religiosa y cultural de dar culto y respeto a los restos de los fallecidos. La distopía y la multiplicidad de posibles realidades advertidas desde un mismo hecho, es un enjuiciamiento mental que Kant ya se preocupó en trabajarlo con los a priory y posteriory de la experiencia con su Crítica de la razón pura. Pues la razón pura se nos presenta como un sinónimo de la Verdad con mayúscula. Y es aquí donde descansa la existencia del ser, la existencia de toda religión y la de toda comprensión social, individual, material o científica de la vida del hombre a hombros de Kant.

Tal vez la nada de Heideger, con su pensamiento existencial de vanguardia europea del siglo XX, lejos de presentarse como lo realiza el autor, como una tragedia, debería ahora de leerse como una virtud de tal vacío o nada, donde permite al individuo viajar a los límites más recónditos de la humanidad como identidad y como capacidad del hacer. Sirviéndose del corcel de la plasticidad neuronal, la cuál es quien permite al individuo esta capacidad multidisciplinar de ser muchas cosas a la vez, algunas reconocidas, otras no.

Para finalizar el presente capítulo, tal vez una sentencia de Rumi, quien como poeta es maestro de decir mucho siendo parco en sus palabras, afirmó; *"Haz cosas desde tu alma"*. Siendo necesario hoy día más que nunca preguntarse por este ejercicio, ¿cuántas cosas hacemos en el día a día, en nuestra vida, que se hallen cosidas a nuestra alma, y sean acción para el interior que somos; no para las obligaciones laborales o familiares, o aún menos para alimentar la imagen circense del personaje social?

Tanto al creyente, como al espiritual o como al materialista ateo incrédulo, le cuestiono, ¿quién eres como ser, lo interior sentido o aquel que hace rutinas sin pensar en lo que hace, sólo desde su mente de trabajo? Al creyente le cuestiono, si eres un creado desde Dios, ¿cómo que no vives para la esencia creada por Él, que es tu alma o interior? Al espiritual le invito a cuestionar cómo ha de ser su vida desde su espíritu, no desde su carne o riqueza exterior a la propia carne. Al ateo le invito a sentarse en silencio y ver cuán loca está su mente en el silencio, y cuán sólo se halla de él mismo en su silencio, que ni él se escucha a sí mismo. A todos les invito a hacer caso a Rumi, que cada acción sea alimento para su interior y el pago de cada acción sea la propia acción como alimento, energía y alegría para su sentir. Así cada acción es meta y no senda hacia una meta, y cada pago es instantáneo, no inversión a cobro futuro. Practicándose así el aquí y ahora.

Por ello, concluyo repitiéndome con otras palabras:

Al Creyente, haz cosas para el alma que procede de Dios.

Al Espiritual, haz cosas para el alma que es parte de tu espíritu.

Al ateo, haz cosas para el alma que es tuya, tu interior vivido que causa gozo, no alegría, gozo.

CAPITULO V
ESTRUCTURALISMO, ZOOLOGÍA
EVOLUTIVA Y ENEAGRAMA

Alan Turing, matemático británico, en el año 1952 creó un sistema matemático desde donde observar la forma que la naturaleza tiene para la creación de patrones que rompen la simetría. Él afirmó que la clave para la comprensión de los patrones naturales asimétricos se halla en la "competencia entre dos sustancias", un activador y un inhibidor, estableciéndose un complejo equilibrio bioquímico de tira y afloja, como también acontece tanto en las manchas de la piel de algunos animales como cebras o guepardos, o en las huellas dactilares humanas propias de cada individuo, o la floración silvestre en el terreno, o incluso el equilibro animal entre las poblaciones de presas y depredadores en el ecosistema. Ayudándonos a comprender el mecanismo invisible pero estructurado que la naturaleza presenta en su existencia más interna.

En la investigación genética de células madres en la biología se observa la existencia de una especie de telar estructurado al que se le llama andamio celular, el cuál se presenta ante la célula madre como un mapa o estructura por donde crear células para así dar forma concreta al tejido a reconstruir. Observándose este andamio como una estructura previa a la formación de la vida que no sería otra cosa más que la aglutinación de células procedentes de la célula madre.

El estructuralismo antropológico de Lévi-Strauss, como el trabajo sobre los valores simbólicos culturales de los aborígenes de las islas del Pacífico de Malinowski, en sus obras respectivas

Mito y significado y Argonáutas del Pacífico, presentan desde sendas opuestas a priory, una realidad natural de la existencia. La estructura de vida, la cuál en esencia no debería ser un gran descubrimiento si la observancia moderna del siglo XX es comparada con la observancia científica de la Grecia clásica con los trabajos de Pitágoras y su intento de comprender toda la existencia de la vida desde la matemática.

A veces la visión estructurada es observada como tabla de salvación para las mentes militares y dictatoriales, donde toman el concepto para naturalizar la aceptación de sus directrices y de sus imposiciones lineales y piramidales. Aconteciendo este veneno social y moral con el darwinismo biológico donde el más fuerte es el más adaptado y quien tiene el derecho natural a la supremacía. O la visión nazi de las estructuras morfológicas y la eugenesia de las razas superiores.

Ante esta visión militar del estructuralismo, que tiene su corazón neurálgico en la psicología estructuralista de su fundador Edward Titchener. Hay que sacar a coalición ante esta visión estructurada de toda la existencia, las visiones espirituales o morales que derriban de estas comprensiones lineales que más que una comprensión de lo natural, se nos presentan como una visión defensora de la existencia, surgida de la mente del propio Descarte, el filosofo francés que cortó y separó las visiones y comprensiones científicas y religiosas, materiales y morales de la vida.

Mi opinión entre ambas tesituras es la presencia de una palabra olvidada en toda visión científica. La Armonía.

Ni las estructuras matemáticas reiteradas en todos los cuerpos naturales y del espacio comprendidas desde la matemática fractal, afamada su visión con la comprensión del número Phi y las cabezas de los girasoles. Ni el caos expansivo de la magia y la divinidad religiosa ancestral, pueden ayudar a la comprensión actual de la vida grupal, ni individual.

La comprensión del Eneagrama de Claudio Naranjo dentro

de la psicología transpersonal, con sus 9 eneatipos, así como los doce arquetipos de Jung, o incluso las 12 casas astrales del zodiaco que han sido siempre usadas como base para el estudio de las personalidades psicológicas o intuitivas del individuo. En esencia, desde lo transpersonal, se nos presenta bajo una estructura reiterada, donde no sólo el eneagrama 1 se une con el 7, y éste 7 con el 5, el 5 con el 8, el 8 con el 2, el dos con el 4 y este último con el 1, quedando fuera de esta visión el triángulo compuesto por el 3 con el 6, el 6 con el 9 y éste 9 con el 3. Sino que presenta una visión general casi pitagórica con los triángulos en el círculo del eneagrama.

Dentro de lo inmaterial y expansivo, acontece una estructura reiterada que desde la neurología podríamos decir con la comprensión de las redes neuronales, que estas derivas observadas en la reiteración de los pacientes por los psicólogos, marcan una existencia gradual en la organización de las redes neuronales, las cuáles no tienen una intercomunicación caprichosa y desordenada. Sino que por el contrario, parece que cuando unas neuronas son más dominantes que las otras, causan unas estructuras de redes ya prediseñadas desde los impulsos eléctricos y sensoriales de las sinapsis eléctricas.

Desde una visión o perspectiva zoológica, como la dada por el antropólogo y zoólogo Denis Morris, el eneagrama como visión categorizada y estructurada de los distintos tipos de mentes humanas, nos puede invitar a tener una visión de la sociedad algo zoológica, donde igual que los mastines tienen unos instintos determinados, dispares a los del caniche, el boxer o el pastor alemán o el labrador, observándose unas conductas innatas de la raza del cánido, o del animal del zoológico, donde la conducta del león es dispar a la de la gacela o de la serpiente. También podemos observar a la humanidad con el eneagrama como una especie de zoológico antropológico o neuronal. Pero sin caer en la crítica, ni advertir tal afirmación desde lo negativo, la presento aquí para ejemplificar una visión científica y exacta. Si ambas visiones son comparables, es que la biología y la naturaleza mantiene tanto en la psiquis animal como en la humana, un mismo rigor. Esta equidad grupal de las cosas naturales observadas en la individualidad del hombre, es base de ciencia. Pudiéndose desde la zoología, exponer las técnicas del eneagrama como una visión científica de los desarrollos naturales y biológicos del propio cerebro por persé, presente en todos los animales, y que estructurar las conductas según un paradigma como acontece en los instintos animales, es advertir una visión científica y real en el eneagrama cognitivo del hombre. No es una teoría que intenta explicar una realidad, es una observación real de la propia realidad mental de un organismo biológico y natural llamado cerebro, al que con la plasticidad el individuo puede cambiar sus números, como así sus implicaciones conductuales.

Este ejercicio es necesario, como preámbulo de comprensión en lo referente a la mente en su estado más biológico y cognitivo, para podernos adentrar en una observancia más determinante en la esencia misma de la consciencia. Para ello, debemos de viajar una vez más hacia la antropología, y la puerta que ésta ciencia otorga para bucear en la mente, son los enteógenos y los estados alterados de consciencia que en tantas culturas y tribus indígenas, se han mantenido durante siglos.

Dentro del estudio antropológico de los estados alterados o expansivos de la consciencia, subyace una regla constante para dicho estudio que se presenta en el trabajo de campo como canon inicial e insalvable. Discernir entre la locura y la cordura de la visión, para así diferenciar la visión onírica del trance o la visión enfermiza de la mente. Para juzgar esta diferencia, siempre el antropólogo se cuida en observar una estructura reiterada y lógica de la narrativa del individuo que regresa del trance, basándose que toda demencia o locura es precisamente la ausencia de orden en la visión y comprensión mental de lo observado y vivido. Dilucidándose que todo aquello que es real y verdadero, ha de estar estructurado bajo un orden, siendo esta visión la que nos presenta con sus trabajos antropológicos el padre del estructuralismo antropológico, Lévi-Strauss, quien sin su educación judía, nunca habría podido conseguir sus deducciones culturales, pues la comprensión que él alcanza de los mitos culturales de todo el planeta, descansa en una estructura mental, aquella que tiene todo judío. La estructura de una educación farisea basada en la figura literaria y mítica de las leyendas presentes en las parábolas, modelo de educación usado también por Jesús en sus enseñanzas.

Permíteme el lector esta perícopa o vuelta circular o adorno, pero era necesario aclarar ciertos conceptos iniciales, para no realizar afirmaciones que puedan parecer bagas o caprichosas.

A la luz de estas premisas de lo estructurado en una y otra visión de la existencia, es necesaria introducir en ambas sendas el concepto musical de la Armonía, de esto Claudio naranjo ya expresó mucho sobre los condicionantes psicológicos de la música y la armonía con el despertar de la mente. Diferenciando ahora, desde la psicología, la antropología y sociología, la presencia de dos tipos de individuos o personalidades musicales. Las armónicas o armoniosas y las rítmicas, donde presentan instintos dispares, algunos más elaborados y armoniosos, otros más directos y cortoplacistas, más rítmicos y reiterados.

Si toda cultura brota de la mente de su creador o ideador, ya fuera el comunismo marxista, el capitalismo neoliberal, ambos productores, la educación según el método Montesouri o la educación prusiana actual. Hay que calcular la estructura de la mente original y así conocer para qué tipo de mente puede estar dirigida y diseñada su cultura, sistema social o educacional, sistema económico y de producción o de convivencia.

Bajo el prisma de la neurociencia más visceral, podríamos decir que hay modos de vida del hemisferio derecho y modos de vida del hemisferio izquierdo. Así, entrando en esta bipolación de la realidad vivida, la palabra Armonía dentro de la mente humana y del individuo, se nos presenta ahora como una necesidad, pues lo observado hasta el tiempo presente es que las ausencias de las partes de la mente en el modo de vida, causan distorsión de la realidad y traumas neuronales en el individuo. Ya fuera en la magia religiosa de la edad media sin materialismo y ciencia, sin un orden establecido para la comprensión de la realidad común que la humanidad vive en el planeta, estando todo individuo al servicio del capricho dictatorial del sacerdote que sólo él conoce la voluntad dictada y expandida del dios de turno. O el exceso de materialismo actual capitalista y productor, donde las redes del hemisferio derecho con lo moral y artístico están en declive y causando ausencias de existencias en la sociedad. La deshumaniza.

Igual de dañino como el no atender a los dos hemisferios, es también el no atender a los tres cerebros que componen nuestro motor biológico, el reptil, el mamífero o límbico y la neocorteza. Atender a las fracciones de la estructura en su complejidad, es atender a la armonía de un todo.

La observación de la atención de las culturas a estas estructuras mentales, nos puede ofrecer un paradigma para comprender la psiquis y la calidad de vida en los individuos que conviven cohesionados por la cultura que los impregna y los rodea. Y desde la tribuna del juez, juzgar sin tal o cual cultura es humanizante o ensombrecedora para los individuos.

Desde esta visión de las armonías mentales y sensitivas de los modos de vida y del vivir, diseñar actos concretos que alimenten, alteren, desarrollen, despierten partes neuronales, mentales y sentimentales concretas, comienza a ser un ejercicio necesario para la vida presente y futura del individuo en la sociedad global actual, en la cuál, las individualidades son cada vez más opacas.

CAPITULO VI
CULTURA, SER Y ENTORNO: DESDE JUNG

Cuando el Yo se encuentra en las tres posibles sujeciones prisión o posesiones posibles, entendiéndose estas tres por la posesión de la circunstancia, en la cuál son las circunstancias de la vida quien lleva las riendas de la existencia del Yo. La posesión de la masa, donde el individuo se advierte tan imbuido en la sociedad con la que convive y se halla, que éste pierde su posibilidad de individualidad y se ve arrastrado por la masa sin decisión o posibilidad de ella. O la posesión del tener y hacer.

A priory pueden parecer dos posesiones del Yo dispares, pero en su esencia se hallan muy unidas, y podríamos decir que son hijos de la posesión de las otras dos, pero se nos presenta como una tercera si deseamos analizarlas clínicamente en su porción. En ellas, en la posesión del tener y del hacer, el Yo se ve llevado por la obligación de la acción diaria la cuál es catapultada, impulsada a diario por el deseo y obligación de la tenencia. Siendo esta última tal vez la mayor abducción o posesión del Yo que pueda existir en una sociedad moderna, estando ya denunciada desde el siglo quinto antes de la era común, con las enseñanzas budistas y la posesión del dios Mara, el dios hindú de la materia.

Ausentarse de las tres posesiones posibles para el YO, y realizar el trabajo del desnudo del mismo cuando se desprende de estos ropajes circenses o teatrales puede conducir al individuo hacia una posición de su existencia traumática, donde acontece un No Vivir, un no saber cómo vivir.

Los trabajos de Carl Gustab Jung con su libro negro y su

libro Rojo, se nos pueden presentar con los arquetipos universales del subconscientes, los cuáles se presentan atado a lo atávico del ser humano, y siendo símbolos y dibujos ausentes de la vida común diaria, al ser generados por la mente del paciente mediante el sueño y la vigilia del mismo, pueden ser observados y leídos desde una posición del éxtasis o de contacto religioso de un más allá, que para Jung lejos de una visión religiosa, es leído como una relectura del subconsciente del individuo, quien se desnuda de sus posesiones y surge sus verdaderas ilusiones, falencias y cadencias de la formación de su personalidad.

Lo interesante del trabajo de estos arquetipos junguianos, como así de las sombras del subconsciente, es la repetición y reiteración de estas imágenes en las mentes de personas que no se conocen, que no comparten un mismo entorno o dolencia mental, ni comparten una misma cultura, religión o época temporal ni regional. Afirmando Jung que estas imágenes son observadas por el hombre desde su prehistoria a lo largo de su existencia.

Los trabajos de campo del arqueólogo David Lewis-Williams, con sus dos libros hermanados, "La mente en la Caverna" y "Dentro de la mente neolítica", realiza un trabajo psicológico y neurológico de los estados alterados de consciencia acaecidos en las mentes de los autores de las pinturas rupestres que él estudió, y como un etnólogo, científico que estudia las etnias del mundo. Desde su Sudáfrica natal, comenzó a observar las equidades pictóricas de la pintura rupestre de los San de Sudáfrica y el estilo pictórico de la pintura rupestre prehistórica de las cuevas franco-cantábricas del sur de Francia y norte de España. Si ambas pinturas norteñas eran similares a los trazos de la pintura rupestre actual de Sudáfrica, podía ser sencillo pensar que la intención y la cultura del artista San pudiera ser la misma cultura e intención de los artistas prehistóricos paleolíticos.

Desde esta visión de las cosas en las culturas comparadas desde los frutos obtenidos en la creación cultural de ambas latitudes de Gibraltar, estructuró una serie de visiones mentales que respondían a las pinturas rupestres paleolíticas, afirmando con su trabajo de investigación de dos volúmenes, que todo el arte y cultura prehistórica, se vio desarrollada e impulsada en su creación, por los impulsos sensoriales del éxtasis cerebral, el cuál presentaba una estructura cognitiva determinada y ordenada, la cuál puede dar pie al estructuralismo cultural observado por Leví-Strauss, como a las estructuras de las imágenes arquetípicas y sombrías de Jung.

Los trabajos de campo de Jung al viajar por el mundo y conocer las culturas nativas de las dispares regiones desde África hasta América y Asia, dio respuesta a lo universal de las imágenes de sus arquetipos y sombras, observando estilos pictóricos que respondían a sus imágenes, según la cultura visitada. Esta equidad la podemos trazar como prueba de la visión de un mundo invisible pero real, que la mente en éxtasis contacta y se adentra en él. Teniendo que ser real para responder así a las equidades atemporales y regionales. Pero también surge una segunda lectura más acomodada a la visión del autor, quien nunca afirmó estar viendo un mundo invisible o estar sufriendo un contactismo espiritual o chamánico. Sino que al ser leído como estructura cognitiva del subconsciente humano, o sea, una generación del propio cerebro desde la imaginación o creación innata del cerebro de crear imágenes que guardan un reflejo de lo sentido en el sistema sensorial e intuitivo. Podemos ahora abducir que estas imágenes si son creadas por toda mente humana, y según los viajes de Jung, están ordenadas según las culturas vividas por los individuos, ofreciéndose imágenes arquetípicas que responden a culturas muy concretas.

Podemos ahora suponer o reflejar a la luz de estas deducciones, que cada cultura puede causar un sentimiento tan concreto en el individuo, que su subconsciente va a crear esta imagen de forma involuntaria. Siendo la pregunta obligada;

¿Son los arquetipos y sombras de Jung, un reflejo cultural en la psiquis de los ciudadanos que viven esta cultura, generándose dos cuestiones dispares, una para el psicólogo y otra para el antropólogo y el sociólogo, donde el Arquetipo es observado para el psicólogo como generación de la reacción de la mente a una cultura. Y para el antropólogo, como las marcas que cada cultura puede dejar en la mente de sus convivientes?

Desde la psicología puede advertirse esta cuestión de forma distorsionada, pero desde la antropología esta lectura de Jung puede acogerse con mayor comodidad.

Si cada cultura desarrollada, decorada y reconstruida por los encuentros multiculturales tenidos a lo largo de los siglos de su existencia generación tras generación, presenta un instante primario de creación cultural, el cuál este instante primario se halla sujeto a un éxtasis, como afirma David Lewis y Jean Clottes desde la arqueología, quien como arqueólogo afirma que las pinturas rupestres son representaciones chamánicas de sus visiones alteradas de su consciencia. Es normal que esta cultura que surge de una apertura de consciencia, cause con su uso una marca en el subconsciente de todos aquellos quienes viven según esta cultura, pues todos están a diario, trabajando, marcando y casi viviendo de forma sutil, esta vivencia iniciática de consciencia alterada que causó, creó y moldeó esta cultura.

La senda surgida desde un estado de consciencia alterado, va a ser también una senda cultural que incida en llevar a las mentes de los individuos que cruzan su senda, a vivir según las normas y los estados alterados de sus propias consciencias.

Estando aquí, en la relación Cultura – Arquetipo la posible raíz de las razones y explicaciones que motivan al antropólogo a observar a la cultura como sedimento y causa de cohesión de una sociedad, e incluso buceando en oquedades más profundas de esta observación, tal vez el centro cultural y social del conocimiento de un grupo humano explicado por Kent Willberg, no sea más que el funcionamiento, expresión y causa de existencia del Arquetipo concreto de la cultura que cohesiona a un grupo humano observado.

Pero... si la cultura puede causar una estructura cognitiva concreta a partir del elemento psicológico del Arquetipo de Jung, es necesario cuestionarse sobre cómo afectaría a la mente de los individuos quienes viven de forma cohesionada en una cultura que lejos de ser moral, ética y cultural en su expresión más amplia del vocablo latino usado desde Cicerón (106 – 43 a.C.), en su obra Tusculanae Disputationes, donde haciendo un símil agrario, él afirma que la cultura es el cultivo cuidado y voluntario propicio para el crecimiento del alma del individuo; observándose aquí el sustento relacional entre Alma-Mente y cultura con el arquetipo.

Pero lejos de esta visión, también podemos toparnos con unos modelos culturales y filosóficos, donde advierten al ser humano desde lo mecánico, material y biológico, y para estas culturas, el individuo y el hombre ya no son humanos sino robots biológicos de producción.

Por ejemplo, la cultura que a base de imposición y maduración entre generaciones y siglos, se ha convertido en modo de vida de una sociedad productora de bienes y servicios como fin único de la existencia de esta sociedad. Siendo tanto el capitalismo como el comunismo dos culturas productoras. Ante esta visión de la cultura productora, la cuál sus esencias de producción relegan el alma del individuo a la no existencia, quedando desnudo el individuo para advertirse solamente como un robot biológico, surge sin cultura la sombra de Jung.

A la luz de estas dos reflexiones sobre los estudios del psiquiatra suizo, uno se cuestiona si podemos causar desde la imaginación un control social reiterativo y mantenido generaciones tras generaciones, desde el cuál sea posible proyectar arquetipos y sombras mentales para el control de una sociedad. Afirmar tales medidas sería contemplar una mano diseñadora del control humano a partir del control de la cultura como ideas motivadoras que diseñan un modo de vida.

Y no es de extrañar tal premisa controladora, cuando las sociedades productoras capitalistas y comunistas, han causado una red insalvable para el individuo.

Esta red es la publicidad incitadora al consumo de determinados productos a consumir o a producir, pues igual que existe la publicidad de consumo de radio o televisión de determinados productos o lugares de servicio donde hallar los productos. También existe la publicidad social de la retribución económica de la producción de ciertos servicios o productos. Haciendo del individuo un robot biológico que obedece al impulso estimulador neuronal que la publicidad ha diseñado para la captación de productores o clientes. ¿O acaso observar a Superman en su labor diaria como periodista, o la multitud de películas o series de ficción que incitan al observador ser médico, enfermero, abogado o soldado, no son reclamos productores?

Tomar la visión, la comprensión y el significado de la palabra alma, desde los hombros de Cicerón, donde sin complejo religioso o existencial de vida postmuerte, advierte a la cultura como un cultivo que enriquece y ensalza la figura moral del individuo, haciéndole benefactor de riquezas sentidas, pensadas y conocidas, es comprender a la cultura como el arte de ser humano. Pero si la cultura es productora y no moral, se convierte en la acción que deshumaniza.

Así, podemos ahora afirmar que toda cultura a de tener al arte como corazón insalvable de su existencia. Sin el arte, toda cultura es como un cuerpo sin corazón, un cadáver. Y así Carl Gustab Jung comprendió el arquetipo y la sombra desde el papiro egipcio de Ani o libro de los muertos, donde el cadáver queda reposado en su tumba como una sombra negra, mientras que el alma en forma de ave y cabeza humana asciende del cuerpo, se libera de la sombra, para adentrarse con su vuelo en el cielo egipcio llamado Amentit.

Así, ¿es nuestra cultura productora una fábrica de sombras, causada desde la ausencia del arte de ser humano, basada dicha ausencia en la negación del alma o moral y de su alimento, no siendo otro que el arte?

Esta doble visión de la realidad entre individuo, masa y cultura como pegamento de la convivencia, es bucle de una contradicción presente en la que el individuo se advierte como una antítesis o contradicción de la masa, comprendiendo a la masa social como la enemiga de la voluntad del individuo y la mano esclavista que doblega la auto realización del ser íntimo que cada persona guarda en su interior.

Pero a su vez, la cultura se nos presenta como el elemento de adhesión y cooperación de los individuos hasta llevarlos desde una voluntad individual y solitaria, a una colaboración conjunta y colectiva, en la cuál, la colectividad a nivel cognitivo se nos presenta en la evolución del hombre como el hito neurológico causante de todos los principios científicos, culturales y tecnológicos que el hombre ha alcanzado hasta el presente instante. Trasladando una visión de las cosas antrópicas o humanas que atraviesa el corazón del héroe individual y solitario, asegurando que toda bonanza social, cultural, tecnológica, material o productiva emerge de la vida colectiva y de la colectividad.

Por ello, ¿dónde está el límite de la vida social, donde el individuo necesita de la convivencia, pero sin que ésta doblegue y subyugue la voluntad del individuo. Es acaso una lucha perpetua entre las multitudes voluntades cohesionadas, sin un rumbo firme, siendo la sociedad en lugar de un aglutinador común, un aglutinador de rebaños ansiosos de un pastor?

¿Es la sociedad un veneno para el ser que es doblegado por la masa, o un elemento enriquecedor como el agua para la tierra y la planta?

Para dar respuesta a esta causa de pensamiento existencial sobre el convivir juntos, surgen dos afirmaciones procedentes de dos columnas marmóleas para la identidad transpersonal, tanto en lo antropológico como en lo psicológico o en lo social. Humberto Maturana y Carl Jung, quienes afirmaron lo siguiente respectivamente:

"Nosotros, los seres humanos, somos seres biológicamente amorosos como un rasgo de nuestra historia evolutiva, de manera que sin amor no podríamos sobrevivir. El bebé nace en la confianza implícita de que con él o con ella habrá nacido una mamá, un papá y un entorno que lo van a acoger, porque si no lo acogen se muere. Por ello, la biología del amor es central para la conservación de nuestra existencia e identidad humana."
-Humberto Maturana-

"Mi encuentro con la alquimia fue decisivo para mí, porque me proporcionó la base histórica de la que había carecido hasta entonces... por lo que pude ver, la tradición que podría haber conectado la gnosis con el presente parecía haberse cortado, y durante mucho tiempo resultaba imposible encontrar algún puente que condujera desde el gnosticismo —o el neoplatonismo— al mundo contemporáneo. Pero cuando empecé a comprender la alquimia, me di cuenta de que representaba el vínculo histórico con el gnosticismo, y que por consiguiente existía una continuidad entre pasado y presente, basada en la filosofía natural de la Edad Media. La alquimia constituía el puente por una parte, hacia el pasado, con el gnosticismo, y por otra, hacia el futuro, con la moderna psicología del inconsciente. [...] Cuando reflexioné sobre estos textos antiguos todo se puso en su lugar: las imágenes de la imaginación, el material empírico que yo había recogido en mi práctica y las conclusiones que había sacado de él. Empecé entonces a comprender lo que estos contenidos psíquicos significaban cuando eran considerados en

una perspectiva histórica. Mi comprensión de su carácter típico, que había comenzado ya con mi investigación de los mitos, se hizo más profunda. Las imágenes primordiales y la naturaleza del arquetipo ocuparon un lugar central en mis investigaciones, y se me hizo evidente que sin historia no puede haber psicología, y por supuesto ninguna psicología del inconsciente."
-Jung-

En este doble juego que danza desde lo mamífero del ser como ente biológico y sintiente, hasta la visión de un ser pensante que es tan comunicador y conector de seres y entornos, que incluso su cerebro personifica y crea entornos comunicativos entre personas, entre costumbres, entre ambientes naturales y entre modos de vida, como afirma Jung con su inconsciente colectivo como generador de conductas comunes entre humanos. Un generador que para la neurología sería atribuido a las células espejos causantes de leer los hábitat e incitar a su reproducción por el observador, elemento fundamental del mamífero biológico como bebé al repetir las muecas, caras y reacciones de su madre. Aconteciendo en esta equidad de ambos observadores de la existencia humana, un puente común, donde el ejercicio de conexión entre el bebé y la madre, puede ser un elemento nativo biológico que al crecer busca una conexión íntima como cuando era bebé, y esta conexión es ya más mística y abstracta. Aconteciendo el arquetipo, la sombra y el inconsciente colectivo tal vez como un eco de esta relación moral íntima del bebé con la madre. Relación que es de alimento directo y de protección, observándose estos aspectos psicológicos en las culturas prehistórica paleolíticas y en las etnografías nómadas actuales, donde la diosa madre y el cuidado del entorno natural como dador de alimentos, se presentan una y otra vez desde la deificación matrilineal de los entornos, entornos que o bien se convierten en espíritus propios desde del panteísmo y el chamanismo, o bien otras veces son vasos comunicadores con los espíritus de los ancestros como se observó en la carta del Jefe Seattle al presidente de gobierno americano.

Causando el pensamiento neuro científico, en el cuál podríamos afirmar que toda cultura matriarcal chamánica, como las observadas en el Paleolítico, no son más que reflejos psicológicos de las falencias comunicativas de los individuos, al perder la comunicación íntima con la madre durante el embarazo. Por otro orden de cosas, si atajamos la visión empírica ofrecida por la observancia etnográfica de las culturas nómadas actuales, como espejo de las vidas ancestrales paleolíticas. También podríamos inferir en un orden de ideas naturales, en el cuál, el individuo no es un paciente ausente de su realidad y ansioso de desear regresar al estado fetal con su madre. Sino que si la biología ofrece este orden de las cosas, desde su senda evolutiva y estructurada. Tal vez la comunicación interna del feto con la madre es preparativo para una comunicación interna con él mismo.

Pues no podemos caer en el error tentador de cubrir a todas las culturas chamánicas y matrilineales naturales con la capa psicológica de una falencia psicomotriz de la relación con la madre, como para después introducir la ausencia de paternidad en las culturas patrilineales surgidas desde el neolítico con la producción y la autoridad. Donde más que falencia, la relación matrilineal en las culturas paleolíticas eran notorias y naturales, no ausentes, como la relación patrilineal fueron las dominantes entre padre e hijo barón, desde el neolítico con la herencia de la finca y el ganado. Por ello, todas estas culturas que ensalzan las relaciones del bebé con sus progenitores, acontecen no en momentos de falencia sino en instantes históricos de pleno dominio, siendo el dominador quien se alza como corazón cultural del modelo de vida.

Si la visión de la existencia del individuo desde el

matriarcado descrito por Marija Gimbutas en sus trabajos arqueológicos de los yacimientos paleolíticos de Rumanía; o desde el patriarcado marcado por las culturas patrilineales neolíticas que causaron los primeros imperios con reyes y faraones dominadores de lo político y lo bélico, con Egipto, Mitani, Sumer o Babilonia; es causa de modo de vida, y sus relaciones íntimas de niñez cantadas de adulto desde una cúspide mítica.

Podemos comprender la relación entre Niñez y vida Adulta en lo político y social, afirmándose desde Piaget que la formación de la personalidad del individuo acontece en sus primeros seis años de edad. Si todos los individuos son educados en sus primeros diez años en un modo de vida matrilineal, a la edad adulta y ausencia de sus progenitores por muerte natural de los mismos, causarán un entorno y un modelo de vida que responda a su formación como individuo y responda al instinto natural de su personalidad creada en su convivencia paterna o maternal. Si la causa de vida es manipulada desde el modelo educacional primario, ¿es posible causar sombras y arquetipos en las mentes de los individuos de una sociedad colectiva, desde la manipulación educacional primaria? Y si la sombra acontece con una ausencia de cultura en el arte íntimo, donde el modo de vida sin cultura es un modo de vida productor fabril. ¿Podemos con los modos de vida y la dominación de los entornos, causar sombras y anular arquetipos y seres?

En definitiva desde la antropología social y cultural, uno se cuestiona desde los hombros de la psicología cultural, si el dominio del gobernador y del pastor humano, (Egipto, Roma, Grecia, Helenismo, Babilonia, Fenicia, Marx, Engel, Hitlet, Stalin, David, Smith, Rousseau, Robespier....) no es una respuesta natural del vivir humano; sino un elemento transformador de la sociedad natural humana, que a base de deshumanizarla causa un nicho de poder que tras milenios, desde el patriarcado con el padre productor como cabeza de familia, genera una necesidad de su presencia para la subsistencia del colectivo. Dicho de otra forma:

Ante la ausencia de cultura, como cohesión social, surge la figura del gobernador como dominador social quien ata y no cohesiona a la sociedad en su alrededor.

Recuperar las bases de la política de Aristóteles, quien afirmó que la Democracia es la voluntad de la mayoría hecha ley, siendo la mayoría de toda nación los pobres y no los ricos. O recuperar las bases de las repúblicas, ya fueran las de Francia como la Americana y la socrática con la obra República de Platón, como las posiciones del Anarquismo quienes parten de la base que todo poder es una autoridad impuesta a la fuerza sobre un individuo que no ha elegido vivir bajo esta autoridad, ni vive una existencia en la cuál la presencia de dicha autoridad fuera necesaria para su supervivencia.

En el estudio político e ideológico del anarquismo hallamos las teorías filosóficas del ser como base fundamental para sus visiones de la sociedad humana, y para la comprensión que ellos tenían del individuo conviviendo en comunidad social. Estas teorías son descritas desde la China oriental con el filósofo Lao Tsé, quien se opuso al Estado y a la religión de cualquier tipo. Este eco ideológico donde el individuo es capaz de gobernarse a sí mismo desde su auto realización, llega a la Grecia clásica de la mano de los sofistas con Antifón de Atenas, Hipias de Elis o Alcidamas de Elea.

Otra de las escuelas de la Grecia clásica que tomó el anarquismo como base filosófica y que tal vez dio base ideológica en el sustrato cultural social desde milenios atrás, es la presencia de la escuela griega de los cínicos quienes defendían la abolición de fronteras y las divisiones entre los estados. Haciéndose famosa la frase del filósofo Antístenes quien al responder sobre su nacionalidad o lugar de nacimiento, él siempre afirmó *"soy ciudadanos del mundo"*.

Cuando viajamos a la ciencia de las religiones comparadas

como ala de la antropología cultural y social, observamos que las enseñanzas de Jesús presentan bases ideológicas que responden al pensar de Lao Tsé, de Confucio y de Buda, siendo usadas sus enseñanzas por muchos anarquistas como ejemplo del buen vivir humano en la ausencia de un gobierno.

No en vano, el histórico Yashúa Hanetzer Vemalej Hiudias, fue un rey de nacimiento monárquico propio, que siendo rey del pueblo y no de una nación invadida por el poder del imperio Romano, se enfrentó a dicho poder autoritario hallando la muerte en su enfrentamiento político e ideológico. Poder que hoy gobierna el mundo con su herencia filosófica y política, ya que el Derecho actual que rige la ley que gobierna a la sociedad, tiene su base en el Derecho Romano.

La idea se mantuvo formándose durante el siglo décimo sexto con Tomás Moro y su obra Utopía, o la afamada obra literaria Gargantúa y Pantagruel de François Rabelais, donde se describía la abadía de Thélema como un lugar sin gobierno, sin leyes ni religión que estructuraba la vida de sus convivientes.

Para recapitular esta visión Junguiana de la sombra y el arquetipo y su libro Rojo, con la antropología, es necesario volver a la visión natural del hombre prehistórico recordando los trabajos de campo del antropólogo José Mª Fericglá de la Universidad de Barcelona. Para rescatar la visión del hombre bosquense, el hombre selvático y el hombre jardinero o ajardinado. Siendo obligatorio en este punto de reflexión sobre el estado del hombre social e individual en su origen primigenio y en su estado actual del siglo XXI, los trabajos de David Graeber, principalmente su obra póstuma *"El amanecer de todo"*, donde a lo largo de sus páginas ofrece una larga lista de sociedades humanas históricas quienes cambiaban a sus gobernadores a capricho, según las necesidades del momento presente, advirtiéndose al gobernador del grupo no como un individuo dominador y dominante, sino como un esclavo del grupo que ha de producir o ejercer una acción para un bien común. Siendo el individuo elegido por la colectividad en pos a su buen hacer para la acción necesaria o requerida por el grupo. Pero nunca se obligó a ningún individuo ni a permanecer en el grupo contra su voluntad, o a la obediencia del mandato del gobernante. Mas... es la educación patrilineal la que impregna al individuo desde su nacimiento a la obligación y a la obediencia de su padre, a modo de entrenamiento para obedecer al profesor quien vuelve a entrenar al individuo en masa, para una directa obediencia a su jefe de trabajo, a su gobernador o a su sacerdote, introduciéndolo en los valores y en las conductas de un modo de vivir seglar y obediente a una autoridad piramidal, que a base de obediencias, cada gobernador y jefe es obediente a un superior, llegándose a tener una visión pre-existencial o religiosa de una meta autoridad celestial quien mediante el sacerdote impone al rey que gobierna. Esta visión de lo social y humano la tenemos en multitud de naciones desarrolladas durante milenios, y mantenidas a la fecha, como Israel, Egipto o las monarquías europeas.

De igual forma que la vida matriarcal causó una figura religiosa de la diosa madre que ofrece el alimento y el cuidado de la supra-madre, advirtiéndose en esta comparativa que con el matriarcado también existió una pirámide de gobernantes y autoridades. En el patriarcado causó las figuras religiosas de dioses padres masculinos y de héroes hijos de estos descritos como meta humanos o mega humanos, para causar una mente colectiva de fuerza física y producción de metas. No debo de finalizar este párrafo sin la pregunta obligada que cuestione la base actual de las cosas sociales. ¿Es Marvel un recordatorio con sus super héroes, del héroe clásico hijo de la divinidad, al que todo individuo ha de admirar y desear ser como él, para bien de la sociedad? ¿O un entrenamiento de la obediencia moral, pues alcanzar tales hitos al no ser posible, sólo queda esperar su llegada y anular las capacidades humanas, las cuáles son eclipsadas por la espera de la figura meta-humana, capaz de hacer lo que por mí no soy capaz?

Este pensamiento es base para la tecnología y la robótica, y con ella, la visión del futuro del transhumanismo.

¿Es la siguiente evolución del hombre, una evolución tecnológica y no biológica y natural, orquestada desde estos umbrales identitarios del super héroe o la divinidad ajena al individuo?

Como el lector puede observar aquí, la visión y la comprensión del héroe con su viaje mítico como hijo de la divinidad, es muy dispar a la retina del psicólogo junguiano, donde el héroe se enfunda la camisa del arquetipo y en la barca de Jung traza una senda en mar abierto, donde adentrarse en las profundidades más recónditas de los océanos, lejos de ir a un no lugar, se nos presenta como un viaje interior donde conduce a todos los lugares a la vez. Y es esta equidad discordante, la causa de realizar el presente trabajo, para contraviniendo las dos visiones adversas, proyectar un prisma de observación de la realidad mayor al tenido por separado.

Y si toda ciencia es el ejercicio del observador, mientras mayor fuera el campo de observación y contemplación del científico, mayor será el grado científico y de afección de su determinismo científico final. Pues aunque se trabaje desde todo aquello que trasciende al ser como materia, es necesario devolver la visión a la materia concreta con el determinismo y la concreción milimétrica de la ciencia, para comprender la profundidad trascendental de la existencia en el mundo biológico y presente. Ya que sin puentes desde esta realidad que nos lleven al mundo de la trascendencia, nunca el viaje podrá realizarse. Siendo muchos apuntes de antropología cultural los recogidos por los trabajos de campos, que siempre fueron comprendidos desde lo cultural y desde una estructura social causada por las generaciones, como argamasa para una convivencia común en la sociedad. Y no como una heredad científica y razonada de un hecho físico y concreto. Ahora, con la antropología y con la psicología podemos atisbar o vislumbrar comprensiones científicas y de mayor calado en su presencia cultural a lo largo de siglos y generaciones, que la mera costumbre cultural.

Pongamos un ejemplo bago y rápido sin adentrarnos en contextos.

La semana santa de Sevilla y de Andalucía es conocida a nivel mundial, pero no fue en el sur peninsular español donde la cristiandad creara un caldo de cultivo notorio y social para tal devoción. Las enseñanzas de los primeros cristianos como Pablo de Tarso o san Pedro se hallaron en Antioquía, actual Turquía, en Roma o en Grecia, sin olvidar tierra santa o Egipto. Nunca en España ni en una Andalucía que durante ocho siglos se halló dominada por la cultura judía y mozárabe de Al-Ándalus, no siendo cristiana hasta el siglo XV con la liberación de Granada a manos de los reyes católicos, Isabel y Fernando, y el posterior descubrimiento de América en el mismo año 1492. No olvido el mito de Santiago el Apóstol patrón de Sevilla, o la memoria sevillana de santa Justina y Rufina del siglo tercero, pero socialmente en aquellas fechas eramos romanos y se deificaba a Venus o a la divinidad de Trajano o Adriano.

Así que observar la semana santa andaluza y su fulgor religioso desde la cristiandad de tan sólo cinco siglos, frente a la cristiandad turca o romana de dos mil años, es una contradicción inquietante, donde la antropología cultural y la psicología no pueden ofrecer respuestas concretas a las conductas sociales presentes y al sentimiento individual, interior y moral de todos aquellos que se ven arrastrados a las calles de Sevilla y a los templos en estas fechas. ¿Cuál es el motivo que insta a una acción festiva y casi defensiva del ideal de la representación y del territorio o barrio?

Podríamos hablar de arquetipos, de trastornos, de sombras escondidas en acciones sociales involuntarias que decoran, en culturas que pretenden una decoración de culpabilidades no reconocidas. Pero cuando hacemos una mezcolanza múltiple de la comprensión cultural del territorio, con la antropología y el judaísmo mozárabe de Andalucía durante ocho cientos años, (692 – 1492), la presencia romana andaluza con Itálica como segunda capital del imperio romano después de Roma, donde nacieron dos emperadores, Adriano y Trajano, con la vinculación directa de la política de ambos emperadores con la vida cristiana y judía de su época. Sumada a la presencia judía en España desde el 600 a.C. con la caída de Jerusalén a manos de Babilonia y la destrucción del templo de Salomón, donde Babilonia vende esclavos judíos a la España íbera y tartesia.

Tal vez las cofradías andaluzas no son un reducto cultural de una cristianización romana y papal, donde en sus territorios no acontecen cofradías como las andaluzas. Sino un reducto judío cristianizado, donde estos judíos cristianos no son los judíos que aceptaron la cristiandad en la edad media con la reconquista católica y la caída de Al-Ándalus, sino unos judíos que aceptaron al Yeshúa (Jesús) como su rey en vida, creándose cofradías por barrios que guardaron los secretos y las costumbres judías que fueron prohibidas por el imperio romano desde Constantino (272-337), quien el nuevo emperador desde su nueva capital, Constantinopla, editó cartas de muerte a todo aquel ciudadanos del imperio romano que celebrara la Pascua judía y no la pascua navideña de la Roma católica del 25 de diciembre.

¿Cómo fue le trauma de los judíos en Andalucía, rodeados de la Itálica romana para su celebración cultural y religiosa, cómo fue su vida diaria, que como judíos habían pasado de ser aristócratas contables y escribas del imperio romano, a ser unos apestados por matar al Hijo de Dios que los romanos adoran, pero que ordenan matar cuando celebran la pascua judía, que es la fiesta de la última cena que el propio Jesús celebró con sus discípulos antes de ser crucificado? ¿Cómo digerir tanta contradicción?

Tal vez, la mejor digestión posible de todo esto, descanse en la gestión de la censura, donde como en la poesía del siglo XX, se crearon figuras literarias que simbolizaban unos contextos profundos en su significado, pero tenían apariencia contraria. Se creó una cultura mística, donde el arquetipo y la imagen arquetípica (libro rojo) respondía a la cultura judía, pero presentaba una figura exterior que respondía a la sombra que imprimía la vida diaria de un imperio y de una sociedad que ponía en peligro la subsistencia y la vida de muchos individuos. Haciendo que el paso cofrade de cristo es una adoración romana de la figura de su Jesús Cristo, pero es una representación del arca de la alianza dorada y llevada sobre los hombros por los sacerdotes de Moisés. Y que el paso de la virgen es bajo palio, como el palio del tabernáculo de Moisés. Como pensamiento colectivo social, donde la población intenta comprender su tiempo de vida y sus circunstancias dominantes desde su retina cultural y de conocimientos limitados por su cultura, podemos decir que tal vez ellos pensaron así: "Si Roma y Babilonia destruyeron el templo de Jerusalén, hay que regresar a la época judía del sin templo, al Desierto de Sinaí, al tabernáculo y al arca, como hicieron los esenios en Qumram en la dominación romana".

Por todo ello. ¿Es la semana santa andaluza, una heredad cultural y psíquica de un festejo judío, de unos judíos que aceptaron al Yeshúa judío como rey suyo, y no aceptaban al emperador de Roma como rey, y se protegieron de la inquisición y de las herejías que mataban a los judíos seguidores de Yeshúa, por no aceptar la romanización del personaje llamado Jesucristo?

Vislumbrar estas realidades internas, morales, de miedos a la muerte por defender valores ancestrales y culturales, valores identitarios que forma la estructura del pensar diario de cada individuo y como sociedad, es una visión que sólo desde la antropología social y psicológica se puede comprender, para así conocer las razones que motivaron la Semana Santa dada en Andalucía y sus cofradías, frente al resto de mundo. O mejor dicho, comprender la importancia moral y descubrir los arquetipos y sombras que puedan causar esta cultura en la sociedad impulsora y en la actual.

La Sombra, el Arquetipo, la cultura de la naturaleza del entorno, la mente grupal, la visión del enteógeno chamánico, la respiración extrasensorial, la comprensión de lo sagrado y lo profano, son líneas necesarias para la comprensión de la Semana Santa andaluza como una isla cultural en todo el mundo. Que sin las herramientas dadas en la psicología y en la antropología cultural, sería imposible de optar a un orden científico y sensato que de luz y explicación a su realidad única frente a la comprensión de la fecha en el resto del mundo.

Comprender a la semana santa andaluza, como un ejercicio de identidad judía mesiánica, donde advertían a su rey como el Mesías libertador que se profetizó en el pasado lejano, y defender contra el imperio que lo crucificó su memoria, su identidad y su razón moral, religiosa y social. Nos abre un capítulo a una mayor comprensión de los ritos y las acciones festivas que comprende la semana santa andaluza, y así comprender desde la psicología las estructuras neuronales que tal defensa férrea de las identidades psíquicas causa en la mente de todos aquellos que hemos sido educados en este entorno concreto. Abriendo el capítulo de la mente colectiva cosida al entorno regional, y no sólo al entorno humano sino territorial. Donde alzar templos por barrio, no es costumbre cristiana ni romana, sino farisea con las sinagogas que suplantaban el rito religioso del templo de Jerusalén, alzándose sinagogas en la época de Jesús por cada uno de los pueblos de Judea. Así que incluso el entorno físico con las juderías antiguas, con la catedral en el centro como el templo de Jerusalén, en el centro de la capital, y la multitud de templos de barrios y pueblos como las sinagogas. Ayuda a la comprensión subconsciente de mantener los ideales ancestrales judíos de su tierra perdida, siendo Al-Ándalus su nueva tierra prometida.

Llegados a este punto, desde lo sutil. ¿Podríamos estar ante una defensa del territorio, desde lo sagrado y no desde lo profano, donde Andalucía es observada como lugar sagrado y mítico o prometido, como la nueva Jerusalén o la Jerusalén Celeste profetizada por Isaías? Algo así, las culturas ancestrales de los fenicios, Tartessos o Atlantes vislumbraron en el mismo territorio. Inavitándonos a cuestionarnos ¿dónde comienza el mito, dónde finaliza la realidad física, y dónde se halla el puente del héroe que viaja entre ambos mundos?, es el trabajo que se puede desarrollar desde ahora, con la unión de las dos ciencias aquí encontradas, la antropología cultural y social y la psicología.

CAPITULO VII
PALEONTOLOGÍA Y EVOLUCIÓN TECNOLÓGICA, FRENTE A LA ANTROPOLOGÍA Y EL CRECIMIENTO INTERIOR.

Como bien explica la paleontóloga Marta Navazo Ruíz, la evolución homínida y la senda marcada a partir de los restos de sílex abandonados por su uso a lo largo de su expansión en la salida de África y los inicios de la presencia homínida en el continente euroasiático, nos marca una evolución tecnológica y manual desde el homo habilis hasta el neandertal, con un recorrido superior a los tres millones de años. Una cifra difícil de asimilar para nuestra mente, si tomamos el espacio temporal y territorial en lo referente a la salvaguarda de conocimientos y aptitudes adquiridas en las técnicas tecnológicas del sílex, para causar una visión piramidal de los restos arqueológicos.

Es necesario presentar la llamada Cadena operativa que marca el proceso necesario para el tallado del sílex, útil en la fabricación de hachas de piedras, puntas de flechas y lanzas, o cuchillos y pedernales. En esta Cadena operativa, en la paleontología se afirma que es necesario inicialmente el Aprovisionamiento de los elementos naturales, el sílex, generándose así un ejercicio de recolección inicial. Una vez realizado el aprovisionamiento de sílex, surge el ejercicio de la explotación del yacimiento o lugar hallado. Con la tenencia de los elementos tras el aprovisionamiento y la explotación del yacimiento, surge la ingeniería de la Configuración mental del proyectil deseado que ha de ser tallado.

Con la Configuración mental, siendo éste un ejercicio cognitivo que ejerce una acción presente pero calculada para un futuro dentro de una estrategia calculada, surgiendo aquí el impulso mental neuronal del futuro. Vivir el presente como puente hacia una meta futura que desea el individuo alcanzar.

Con la configuración llega la fabricación y uso del sílex, surgiendo la utilización para el ejercicio del tallado y la beneficio dado para la caza del bien final surgido del tallado.

Una vez que fue usado el proyectil, hacha o punta de lanza o flecha, es abandonado por perder su filo o por ser usado en la caza y dejado en el lugar donde la pieza cayó muerta o fue ingerida. Para dar paso al Proceso geológico de embarrizado y enterramiento por sedimentos naturales, que es el primer proceso que el arqueólogo y paleontólogo se topa en su descubrimiento. Así, el trabajo del paleontólogo es viajar en su mente científica hacia el pasado, siguiendo esta Cadena Operativa, cuando fue viajar hacia el futuro en la mente homínida la causante del resto, aconteciendo una yuxtaposición entre el creador y el paleontólogo de la llamada cuarta dimensión o dimensión del tiempo dominada desde la mente.

La observación evolutiva de las técnicas de producción de sílex para el armamento de la caza a los ojos de los paleontólogos, causa una visión cultural surgida a partir del estudio de las diferencias de tipos de elementos producidos y ordenados según las estratigrafías temporales, desde las más ancestrales hasta las más recientes. Dándose en Europa las llamadas culturas Ahrensburgiense, Musteriense, Tayaciense, Magdaleniense, Gravetiense, chatelperroniense, Musteriense, Solutrense. O las africanas Ateriense, Fauresmithiense, Olduvayense.

Surgiendo aquí una visión constante a la luz de los restos arqueológicos de más de tres millones y medio de años, donde lo comprendido como cultura homínida está sujeto a la capacidad tecnológica de sus convivientes, mantenida esta capacidad tecnológica en el tiempo, mediante la transmisión de conocimientos y aptitudes necesarias para la supervivencia a través de las generaciones. Marcando a los ojos del paleontólogo Ignacio Martínez Mendizabal una fórmula matemática de aptitudes homínidas que no numéricas, que dan forma al surgimiento de esta tecnología que nos excluye del primate y nos adentra en la comprensión del homínido. Esta fórmula es la que conjuga en un sólo hacer o ejercicio:

Planificar + Estrategia + Creatividad, para desde un hacer presente, marque un futuro real que hoy aún no existe y ha de ser creado.

Este futuro prediseñado en la mente del individuo surge de una idea, que unida a la técnica y el uso posterior deseado, acontece el despertar de una consciencia predispuesta a viajar hacia este futuro diseñado, siendo impulsora de la fórmula matemática anterior, haciendo que el homo eureka, capaz de tener ideas no existentes ni observadas anteriormente, ideas no surgidas desde la deconstrucción de la realidad y la toma de hebras pequeñas de dispares realidades, que al sumarlas acontece una nueva visión. Sino realidades no existentes ni observadas hasta el surgimiento de la idea. Este homo eureka, que es aquel que crea un arco y una flecha, herramientas no existentes en la naturaleza, es el capacitado para viajar al futuro y ser un homo futuro, donde la tecnología y la estructura mental se hallan dirigidas a tiempos no existentes y hacia realidades por crear.

Para Mendizabal, estos actos que pueden verse como un estado expandido de consciencia, donde permite al observador vislumbrar con su ensoñar las nuevas realidades interiores de la piedra que está por tallar, o de la rama de árbol dúctil que puede ser convertida en un arco; acontecen desde el acto filosófico y humano del Preguntar, siendo el ejercicio de preguntar y de cuestionarse la realidad vivida, la fuerza motora para la expansión de la consciencia. Surgiendo aquí otra visión matemática o sumatoria, en la que podríamos afirmar lo siguiente:

Preguntar = Replantear lo sabido = El Ser es formado por lo sabido = Sólo sé que no sé, por ello pregunto.

Haciendo que el cultivo interior cause con la tecnología una realidad exterior, generándose una dicotomía hermanada y no enfrentada, donde la acción exterior, como vimos con la cultura y la naturaleza, afecta al interior, mientras que la gestión del exterior es un reflejo de la gestión interior del individuo o del colectivo cosido por su cultura y comprensión de su existencia. Surgiendo aquí la voz de Ortega y Gasset una vez más, con su Yo y mi circunstancias. Deduciéndose aquí otra visión preclara, donde afirmar que cultivarse por dentro causa un cambio exterior.

Esta visión de cultivarse por dentro nos lleva de la mano una vez más a Cicerón y su visión de cultura y el cultivo del alma o crecimiento interior, y no saliendo de estas líneas internas que unifican la cultura con el hacer del ser interior del individuo, o la acción del Yo. La Unesco afirmó que:

"la cultura debe ser considerada como el conjunto de los rasgos distintivos espirituales y materiales, intelectuales y afectivos que caracterizan a una sociedad o a un grupo social y que abarca, además de las artes y las letras, los modos de vida, las maneras de vivir juntos, los sistemas de valores, las tradiciones y las creencias."

Sin olvidar la definición de Lévi-Strauss quien afirmó que *"todos los símbolos y signos de que está hecha la cultura, son productos de la misma capacidad simbólica que poseen todas las mentes humanas"*, observándose en esta definición un puente más entre mente estática y mente expandida al afirmar el padre del estructuralismo cultural antropológico, que la cultura está cosida a la "capacidad simbólica que poseen todas las mentes humanas". Y esto nos ayuda a replantear el concepto de humanismo y mente, ya no desde una visión biológica de redes y neuronas, sino desde una comprensión utilitaria y funcional de la mente, donde el organismo llamado cerebro tiene una estructura funcional. Esta es simbólica, animada y visual. Nunca soñamos con palabras, soñamos con imágenes. Nuestra mente proyecta imágenes más que conceptos literarios o analíticos.

Observándose ahora que desde los tiempos de Cicerón, el concepto de cultura está cosido al concepto del arte de ser humano y con ello, al mundo artístico y no al mundo material o tecnológico, donde el individuo es observado como miembro de un grupo o sociedad que durante un tiempo determinado o durante los días de su existencia, desarrollan colectivamente una acción moral y social de forma altruista y voluntaria pero coordinada, realizando acciones que competen a las afecciones morales y éticas, donde la convivencia y la perpetuación del grupo se nos presenta como el principal argumento de la existencia del acto cultural, mediante el cuál los individuos de forma colectiva entroncan una relación en su hacer, con el hacer de sus antepasados y de sus descendientes futuros. La acción moral realizada desde el ser, al ser repetida desde los ancestros, nos causa una identidad relacional con lo que somos, respecto al ser biológico que somos desde una visión heredera de genes trasladados generación tras generación.

Y llegados a este punto de visión sobre la cultura en esencia. Desde la psicología y la neurología podemos afirmar que Cultura es toda acción que atenta al Yo, para con su hacer despertar neuronas no usadas en la mente de trabajo. Que al ser usadas en la moral de los ancestros, guardan por reiteración genealógica, una facilidad para conectarse con otras neuronas muy concretas. Dicho de esta forma:

Cultura es el desarrollo neuronal de las neuronas conectadas genéticamente a través de una herencia genealógica, a partir de hechos realizados y mantenidos a lo largo de las generaciones. Pero observando que estas conexiones neuronales heredadas por generaciones que repiten el mismo hacer cognitivo, surge también una observancia clínica en las afecciones. O sea.

Toda sinapsis eléctrica predispuesta por herencia, suelen estar presentes en el individuo y en su herencia, cuando esta acción compete a lo moral. Es como si la mente de trabajo o el hemisferio izquierdo no fuera tan hereditario como el hemisferio derecho. Aunque desde la visión del neurocientífico Paul MacLean y su cerebro triple, ante la observancia psicológica de Claudio Naranjo y su visión del ser completo como ejercicio mental de la realización de estos tres cerebros, sin realizar acciones que subyuguen a alguna de las partes de estos tres cerebros evolutivos. Podríamos decir que mientras más ancestral sea el córtex cerebral, más dado a la herencia sináptica se encuentre. Y mientras menos ancestral en su evolución, menos dado a la herencia sináptica. Y por ello, se podría afirmar que toda acción realizada desde el cerebro reptil o paleolímbico o mamífero, está sujeto a una herencia, y tal herencia sináptica de conectividad, causará un instinto natural de vivencia, al que llamaremos cultura, pues es basamento intuitivo de la acción misma involuntaria del vivir.

Llegados a este punto de reflexión, no podemos afirmar que la cultura del sílex como cultura de la tecnología de herramienta y caza, sea en esencia una cultura, sino un reflejo exterior de una cultura que no podemos conocer, realizada por homínidos ya no existentes.

Mas, el lector se podrá cuestionar y preguntar; Si la cultura homínida fue tecnológica, a los ojos del paleontólogo, ¿cuándo se inició la Cultura con mayúscula o cultura moral comprendida a ojos de Cicerón?

Los primeros restos arqueológicos que dan testimonio de una inquietud moral e interior, una inquietud cognitiva que ofrece una imagen exterior que nos ayuda a los antropólogos a comprender que estos individuos quienes realizaban tales actos, comprendían su auto existencia, reconocían su identidad individual y grupal. Acontece con Neandertal y con Cromagnón. Afirmando el paleontólogo Mendizabal que "Sapiens es esclavo de la belleza". Afirmación que no siendo gratuita para la poesía de la existencia, está sostenida en los yacimientos arqueológicos donde hasta la llegada de Sapiens, 300.000 a.C., todos los yacimientos arqueológicos están dominados por lascas de sílex y herramientas tecnológicas naturales, usadas para la caza, el desmembramiento de la carne por carroña o la cocina. Pero es desde los Neandertales en la cueva del Sidrón, Atapuerca y Gibraltar, junto con la llegada de Sapiens en Europa, cuando los yacimientos comienzan a ofrecer un cambio de paradigma en el inventario de los yacimientos. Los enseres tecnológicos usados en la subsistencia del individuo y del colectivo, dan paso a una amalgama multitudinaria de enseres que no tienen uso alguno para la subsistencia ni utilidad más que el canon de belleza, la decoración y ser insignia de un estatus social.

Los collares de concha, las plumas de aves, las flores o la pintura comienza a dominar los yacimientos de sapiens, surgiendo lo que yo personalmente llamo Arqueología humana, donde el llamado "Templo de Bruniquel", en la cueva francesa de igual nombre, de autoría Neandertal y datación del 180,000 a.C., se nos presenta como el primer bastión donde el individuo presenta una Cadena operativa pero encadenada a una utilización invisible y no material de las cosas. El aprovisionamiento acontece con estalactitas y estalagmitas de la cueva, no con sílex exteriores. La explicación es más ardua y difícil con los interiores de las cuevas.

Su configuración presenta comprensiones astrales y religiosas o existenciales de vida tras la muerte, muchas de ellas, según el prehistoriador francés Jean Clottes, desde el chamanismo y sus visiones de mente expandida. La utilización es claramente cognitiva y cosida al mundo de los sentimientos sociales de sentirse el individuo o la colectividad relacionados con entes invisibles, ya fueran espíritus chamánicos como ancestros fallecidos. Siendo su abandono en muchas ocasiones un acto de respeto metafísico, o un cambio de paradigma existencial que es sustituto del anterior que presenta abandono.

Surgiendo desde la cueva de Bruniquel, una riqueza cultural y artística con las Venus paleolíticas, y la pintura rupestre franco-cantábrica, dominada por Altamira y Lascaux, sin olvidar el arte mueble y los instrumentos musicales como la flauta del 40.000 a.C.

Entre los cristianos hay una sentencia de Jesús muy afamada y reiterada por muchos, "No sólo de pan vive el hombre" (Mt 4,3-4). señalándose la necesidad moral que el individuo tiene de una vida cultural y artística ajena a la tecnología de supervivencia. Esta senda nos lleva a la visión biológica y moral de Humberto Maturana, donde la autopoyesis biológica de todo ser vivo, nos causa un instinto primigenio de nuestra mente como organismo autopoiético, que sería la auto realización. Surgiendo esta auto realización del individuo siempre desde las acciones morales y la convivencia social, base para la comprensión del cultivo del uno mismo o auto cultura de la visión de Cicerón y de Gaset con el yo y lo exterior o circunstancias, como mundos que conviven.

Pero... ¿por qué todo arte y contemplación acontece en yacimientos existenciales y trágicos, como la sepultura o el templo? Tal vez porque todo estado expandido de consciencia, que es causa de toda cultura, es existencial. Así que desde cualquier estado existencial es un trauma cosido a la gestión de su estado expandido y de su existencialismo. Mas si toda cultura es un diente de sierra de replanteamientos trágicos de la consciencia como modo de advertir el ser o yo que en esencia soy. Tal realidad exige un cierto manual que alivie la dolencia moral del individuo o que explique las herramientas morales para evitar las dolencias. Surgiendo así de esta necesidad, ciertas leyendas, ciertos arquetipos o héroes, mitos, que presentan un significado interior cognitivo donde se intenta armonizar el orden de las cosas. Así todo libro que recoja una comprensión de la Armonía del Cosmos, marcándose que el hacer individual es una decisión interior de hacer en pos a la armonía del Cosmos o ir contra dicha armonía; pasará a la historia como un canon religioso y corazón cultural de una religión, cultura, sociedad o geografía. Estando este orden cósmico muchas veces cosido y ocasionado por la comprensión ordenada de los entornos naturales de donde brota una cultura natural.

Mas... cuando el hombre cuestiona estos entornos naturales y busca con su cuestionamiento, un orden establecido el cuál ha de ser armónico y justo o equilibrado. Acontece nuevamente una cadena operativa, pero esta vez no es física, es intelectual.

El aprovisionamiento es la recolección de datos concluyentes surgidos desde la observación de la existencia y de las cosas naturales. La explotación es esta elección seleccionada de lo observado. La Configuración es el orden que subyace a todo este caos que por separado se nos presenta, pero que al cohesionarlo, se nos advierte como un orden. Igual que la punta estaba en el interior de la piedra, este orden está oculto en el interior del caos. La utilización como herramienta terapéutica y cognitiva, para la comprensión del hombre ante el mundo. Comprensión que le ayuda a diseñar nuevas realidades, pues con la comprensión procede la posibilidad de usar los elementos como herramientas. Cuando llueva siembro. El abandono es un cambio de paradigma existencial o una nueva visión o comprensión de la existencia. El proceso es la herencia cultural subyacente entre las culturas, observada solamente en su comparación intercultural, observándose una heredad costumbrista a lo largo de tiempo y las modas.

Mas... lejos de observar que sapiens es un ser cultural artístico, donde canto, música, pintura o poesía son sustratos de lo cultural y de lo intrínseco para el homo sapiens. También acontece de este ejercicio cultural de mente expandida, una realidad profunda en la comprensión existencial. Esta realidad profunda de la expansión de consciencia y del preguntar y reconocer las sombras y ausencias del individuo, se llama ciencia, siendo sapiens es un esclavo de la belleza, y ésta, la belleza junto a la armonía, es súbdita de la ciencia.

Buscar un vivir en una cultura tecnológica, donde la ciencia es esclava del uso tecnológico, es vivir en una cultura homínida de habilis y antecesor. Vivir en el arte de la comprensión universal del todo, que es la verdadera ciencia, es retomar la senda del nacimiento de las esencias del sapiens, aquellas que definen lo que somos.

Los defensores del materialismo y del evolucionismo productor y tecnológico, siempre han defendido su necesidad de supremacía por encima de unos modos de vida más culturales y menos productivos y materiales, a partir de la defensa del mercado, como reflejo de libertad de elección de los individuos a la hora de consumir y dirigir su modo de vida. Advirtiendo siempre a las empresas culturales y científicas como entidades subyugadas a la subvención pública en pos a su ausencia de mercado. Indicándonos a la sociedad que el mercado cultural no es un mercado rentable. Tras esta imagen, se teje una clara intención en su mensaje subliminal, como individuo uno no ha de dedicarse a un modo de vida cultural o científico, es una vida sin futuro en lo económico y en lo relacionado a la supervivencia misma como individuo biológico.

Ser pintor, actor, escritor, comediante, músico o investigador, es dedicarse a una labor sin opción económica presente ni futura. Tal es el mensaje que castra toda intención posible de crear un modo de vida social e individual al rededor del arte de ser humano. En su contra, siempre está bien advertido y vendido en la sociedad las dedicaciones productivas o de servicio que canalizan en la sociedad la producción causada, ya fuera como economista, ingeniero, abogado, médico, sanitario, empresario, contable o algún trabajo de formación profesional laboral física como bombero, carnicero, fontanero o electricista. O como se comentó antes, la labor periodística de Superman.

Pero... ¿es así la realidad económica de los mercados

culturales, o es una falacia controlada para llevarla a la realidad, y así causar una sociedad productora, consumista y materialista, sin opciones a modos de vidas humanísticos? Pues siendo respetuosos con la realidad viviente hoy día, la supervivencia individual es senda indispensable para el hacer diario del individuo. Toda acción se dirige a la supervivencia, y ésta se vislumbra mediante la producción económica.

Por ejemplo, el turismo en España supuso el 12,2% del Pib nacional en el año 2022, causando un 11,4% del empleo total generado en el país. Mientras que en el año 2019, antes de la pandemia Covid 19, el turismo supuso un 16% del PIB nacional. Frente a la producción automovilística que presento un 10% del PIB. El sector servicio generó una facturación del 19% del PIB nacional. Junto al número de empleos causados entre deporte y cultura a nivel nacional, que en el año 2022 ascendió casi a un millón de empleo, 930,700.

Otro ejemplo de modo económico cultural son los balances presentados por Hollywood, donde en el año 2019 generó más empleo que el sector energético en EEUU. Este dato también confronta una realidad reflejada en los balances de la compañía Walt Disney Company, quien alcanzó sus límites de facturación en el año 2022 alcanzando los 28,705 millones de dólares. Para que el lector se haga una idea, el Pib total de la facturación de toda España en el año 2022 es de 1,328 millones de euros. España tendría que facturar 21,5 años para alcanzar a la compañía americana en tan sólo 1 año.

La carta publicada por los hermanos Auserón, Santiago y Luis, en relación a la situación del mercado musical y las estructuras exigidas desde las productoras musicales, así como también acontece en las productoras televisivas, están sesgando el trabajo individual del artista, y generando unos productos manufacturados desde sus interiores comerciales y productivos, para finalizar de sesgar la existencia del artista por sí mismo. Pasando a una realidad final en la que el artista no es más que un muñeco producido, manejado y creado desde la productora y el mercado, un producto sin alma.

Y ante estas cuestiones, le invito al lector a cuestionarse una realidad a hombros del filósofo coreano Byung-Chul Han, quien afirma *"El ocio se ha convertido en un insufrible no hacer nada"*. La industria cultural ya no obedece al canon del ejercicio de cultivar el alma como concepto de cultura, sino como industria del entretenimiento para el no hacer, permitiendo este no hacer un descanso necesario físico y biológico, tras una gran carga de trabajo laboral. Donde el tiempo de ocio ya a ojos del filósofo coreano, no es tiempo de ocio sino de descanso. Sin darnos cuenta, el ocio ha sido robado de la vida social del hombre, para convertirlo en un segmento de la producción, o sea, en un esclavo. Alineado, deshumanizado, desestructurado y servil. Carnaza para el psiquiátrico o la prisión.

Como fotografía genérica del panorama económico de la facturación cultural frente a la productora o industrial, uno ha de advertir con cierta rapidez, que el control económico y comercial del mercado cultural le ha sido robado a la sociedad, permitiéndole unicamente ser parte del engranaje productor y fabril de la industria, incluso a la luz de la denuncia de los hermanos Auserón, incluso el artista es ya parte de la producción fabril.

CAPITULO VIII
LA CONTEMPLACIÓN DESDE BYUNG CHUL HAN

No es errónea la visión existencial de la sociedad actual que el filósofo coreano Byung Chul Han ofrece en su obra *"Vida contemplativa"*, donde dibuja la vida humana sujeta en su esencia al trabajo y al rendimiento, llegándose a afirmar que trabajar y rendir es el acto mismo del vivir. Quedando la inactividad sostenida en la comprensión de ser un problema a remediar, comprendiéndose esta situación de la inactividad como problema en una observación genérica, en la cuál toda la existencia humana es absorbida por y para la actividad. Esta visión acontece porque el capitalismo comprende a la inactividad como un tiempo libre o tiempo de descanso sin trabajo. Pues más allá del descanso y la ausencia de trabajo, el tiempo inactivo es comprendido como un tiempo muerto y perdido. En esta comprensión de la vida humana, el capitalismo ha transformado las fiestas en eventos y espectáculos beneficiosos en lo económico, truncando la inacción de la festividad por el consumo que se alza como tótem central de la fiesta, y oculta, se antepone, yuxtapone a la figura de la comunidad. Llegándose a la comprensión que toda fiesta convertida en evento y espectáculo nos lleva a la ausencia de comunidad.

A este respecto, Guy Debord (1931-1994), filósofo francés y autor del título *"La sociedad del espectáculo"*, afirma que una época como la vivida actualmente, donde se exime el retorno de las festividades, es un tiempo sin fiestas. Llevándonos esta época sin fiestas, a un tiempo sin comunidad. Deduciéndose de sus análisis filosóficos, que la fiesta sociabiliza al compartir vivencia colectiva. En el mismo valor crítico de la sociedad, también Nietzsche, filósofo alemán (1844-1900), afirmó que la obligación de actuar es causa de la aceleración de la vida, siendo esta aceleración de la vida un medio de dominación para no tener tiempo para pensar. Pues este tiempo para pensar es un tiempo de vacío de acción, un tiempo de inacción que lleva al individuo a la contemplación y al ejercicio del movimiento interior del ser. Afirmando el mismo filósofo alemán, que ninguna revolución es posible hoy día, porque no tenemos tiempos de pensar. Por ello la imposición de una vida de consumo para satisfacer las necesidades, impone que toda necesidad ha de ser satisfecha, llevándonos a que las acciones se vuelvan reacciones, las experiencias en vivencias. Los sentimientos se reducen a emociones y no soportamos el tedio, pues la contemplación que es la acción de la inacción, fue expulsada de la vida humana.

Esta vorágine del neo liberalismo capitalista del producir y consumir, se adueña también del lenguaje, para que éste sea modo de trabajo y modo de información, destruyendo el silencio. El ruido de la comunicación destruye el silencio.

La presencia del capitalismo con su capital, producción y consumo de lo producido en el eje de la acción humana deshumanizadora, surge a hombros de los textos de Marx, quien afirma que el capital es actividad en estado puro, donde la libre competencia expuesta por Smith, relaciona el capital con el individuo como un otro, y mientras competimos entre individuos matando con la competencia la sociedad conviviente, el capital se propaga contra la propagación de lo humano y el individuo, que no lo individual.

En este remolino de competencia libre y actividad en estado puro, el único libre es el capital no el individuo, quienes éstos creyéndose ser libres por poder comprar lo que quieran y donde quieran, no son más que meros productores del Capital. Afirmándose también que el exceso neo liberal de libertad y rendimiento es un exceso de capital, y éste ahoga al individuo y a lo humano.

Tras la reflexión marxista, Walter Bénjamin afirma que la historia de la humanidad es un Apocalipsis continuo, fruto del seguir sucediendo en un todo igual. Lo nuevo es un más de lo mismo y la solución es la radical interrupción del ahora. La inactividad para poner coto a la acción humana se nos presenta como una única salida a este estado de caducidad constante de lo perecedero. Este coto de la acción humana, o mejor dicho, esta ausencia de coto es el Antropoceno, donde esta era geológica del planeta es el producto de la acción humana, donde la naturaleza se vuelve un mero apéndice de la historia humana, en pos a su dominio total como un piñón más de sus ejes de producción.

En este aspecto de la acción, el filósofo existencialista Martin Heidegger, (1889-1976), comprende a la acción como un impulsor hacia adelante, siendo la meditación la que nos lleva de regreso hacia donde ya estamos. La capacidad que no actúa, o sea, su pausa. Lo que él llamó "la magia del ahí". Un ahí más cercano que cualquier otro objeto, dando paso a una espera sin propósito, superada de todo rendimiento. Sólo la pausa de la espera. El ahí no se detecta, ni con el pensamiento, ni con la meditación. Es pre-reflexivo, previo a la atención hacia un objeto, me encuentro en un mundo determinado. Esto es el estado de ánimo. Que es una disposición afectiva que produce a toda disposición afectiva previa del mundo. O sea, que el estado de ánimo sólo ocurre cuando nos dejamos ser arrojados en él. No es la acción la que determina nuestro ser, es nuestra condición de ser arrojados al estado de ánimo, siendo este estado quien le otorga al pensar una dirección, pues sin estado de ánimo no hay rumbo.

Recuperando los valores marxista y del capitalismo productor y consumidor, toda competencia causa un aislamiento del individuo, pero este aislamiento social se ve acrecentado con lo digital, siendo el mundo informático quien desmantela el ser en tanto ser conectado y social, no vinculado, donde en lo digital el mundo es un ello a la disposición de la soledad, donde en esta soledad digital, el otro es un objeto consumible, no un otro ser. Consumible para la producción, el consumo, el juego, la necesidad en definitiva que ha de ser saciada con prontitud. La ausencia del ser de la hiperproducción y la preactividad o la masificación de comunicación, es una falta de ser, suplantada con el crecimiento material, donde el capital afirma que más capital es más vida, pero es una supervivencia sin ser. Consiguiendo un logro impulsivo, donde la soledad es la impulsora de la acción. O sea. Actuamos para eludir la soledad.

Llevándonos a la comprensión inicial, si nos preguntamos sobre el origen de esta senda neo liberar y ausencia del ser vivida, que tal génesis se halla en la comprensión filosófica y anímica del trabajo, donde el trabajo desconecta y aísla a la persona, el rendimiento desmantela el ser con la sociedad, la fiesta crea comunidad, reúne y une, siendo la fiesta la contradicción misma del trabajo y como contradicción, lo que se intenta eludir o anular.

Byung Chul Han como respuesta a estas dolencias existenciales del hombre actual, respuesta surgida desde la reflexión comparativa de este hombre frente al ancestral, y cuando digo hombre, me refiero al hombre antropológico global, tanto en su psiquis existencial, como en su convivencia con sus entornos sociales, laborales y naturales que conforman las identidades cognitivas del quien soy. Esta respuesta es la contemplación y la inacción. En ella la inactividad tiene su propio propósito, su propia lógica, su lenguaje, arquitectura, magia y esplendor. Su senda. La inactividad no es una forma de debilidad como la comprende el hombre actual o el capitalismo, como un tiempo perdido, sino una ausencia que la sociedad no es capaz de perseguir, al entender que la actividad es una forma vacía de actividad.

Pero esta visión es un error, pues el tiempo verdaderamente libre no pertenece al orden del trabajo como descanso, sino que ha de ser conducida por un tiempo de inactividad. Abriéndose aquí una comprensión de la medida de los tiempo. El trabajo causa un tiempo de descanso necesario. Pero igual como uno requiere al otro tiempo postrero. También el tiempo libre requiere de un tiempo de inactividad que lleve al individuo a su tiempo libre, no existiendo un tiempo verdaderamente libre sin un tiempo inactivo después del descanso. Si para trabajar se ha de estar descansado, también para el vivir el tiempo libre se ha de estar de igual forma, descansado.

El filósofo alcanza a afirmar en su visión, que la inactividad es la verdadera forma de lo humano, quien ha de comprender que igual como sin silencio no hay música, pues todo sería ruido, o sin silencio el hablar y el escuchar sería una cacofonía. Defendiendo su visión de proclamar la inactividad como la verdad de lo humano, desde la comprensión de una vida sin inactividad, como la actual, esta vida al no tener inactividad el estímulo es para una respuesta, respuesta que presenta su esencia, en ella todo problema exige una solución, y todo propósito está relacionado con una acción. Siendo la meta de todas estas equidades involuntarias una única realidad. Generar una supervivencia. Haciendo del hombre una máquina de acción – reacción para la supervivencia de la especie, la cuál sin inacción se deshumaniza.

Cuando esta visión Byung Chul Han la catapulta a una senda histórica donde comprender la evolución del hombre como ser pensante y sintiente, asume que la acción es parte de la historia, pero no es formadora de ninguna cultura. O dicho de otra forma, toda cultura surge de la inacción, que es lo mismo que afirmar, como antes se mencionó en capítulos anteriores, toda cultura emana de un estado expandido de la consciencia. Nunca de una acción y reacción como lo es la tecnología.

Este orden de las cosas históricas y existenciales de la humanidad, es muy contradictorio al orden establecido por la historia, donde Antropología y Filosofía se convergen contra un enemigo, la Historia, donde esta fragmentación entre las tres ciencias tienen un único cauce fluvial separador. La historia es narrada desde las épocas imperiales y militares, los actos bélicos que llevan a la caída y al surgimiento de los imperios. Frente a la Antropología y la filosofía que miden los tiempos como el surgimiento de las culturas, no de los imperios.

Por todo ello, para la filosofía y la antropología, la cultura no surge de la guerra, del arma y su desarrollo tecnológico, sino de los actos culturales, o sea, de la inacción que causa expansión de consciencia, junto a la fiesta y el adorno. Afirmando también el autor, que la cultura no presenta un camino de meta, sino una senda ausente de dirección y finalidad, llevándonos a una comprensión de lo llamado "lujo". En la comprensión, el lujo es un símbolo de auténtica felicidad, hallada ésta en lo vano e inútil, en lo poco práctico, lo improductivo y superfluo. El no ir hacia ningún lugar preciso. Sólo pasear. Así es la cultura, la fiesta y el adorno. Un fluir por el sentir, al igual como la inactividad que es un hacer para nada, o sea, la finalidad de la felicidad es la misma finalidad de la inactividad.

Esta ausencia de meta y de acción, imbuidas, buceando en el mundo del lenguaje y el conocimiento del mundo de la información y la prontitud, antes mencionada, surge la sentencia socrática, del "sólo sé que no sé", pues es aquí el lugar de brote para la afirmación del filósofo coreano, quien deja entrever que el no saber reaviva la vida. Así, desde el no saber, la fiesta y el lujo de salir y desviarse hacia una ausencia de meta marcada ni de tiempo sostenido.

El capitalismo quien causa una acción medida, impuesta en el tiempo y con marca clara hacia una meta de logro producido, se nos presenta como el causante de una existencia degenerada en la mera supervivencia, y en esta supervivencia no hay lujo, desaparece o se consume como mercancía. Curiosa contradicción, cuando el capitalismo fue vendido como la senda que llevaría al individuo a una vida henchida y dominada por el lujo en su extremo triunfador.

Esta visión de la existencia del tiempo, la acción, la

producción y la existencia real del ser como humano, la expuesta en el mito clásico griego donde Alejandro Magno cuestiona al filósofo griego Diógenes de Sinope. Siendo afamada la respuesta dada por el filósofo al rey macedonio, quien a veces regresaba y en otras narrativas salía hacia la conquista, cuando el general y rey al cruzarse con el filósofo de vida mendiga quien vivía en una tinaja, le dijo "Pídeme lo que quieras", a lo que Diógenes le respondió: "Quítate de donde estás que me tapas el sol". Quedando esta respuesta como un canto de la vida contemplativa y la inacción como esencia de lo humano. Siendo esta vida la que el mismo Alejandro Magno escogería si no fuera rey o cuando ya conquistara todo lo que él ansiaba, afirmando el macedonio a la multitud que se amontonó para ver el encuentro entre ambos, "¿Sabéis qué os digo a todos? Que si no fuera Alejandro, me gustaría ser Diógenes". Pues toda vida de éxitos y riqueza, siempre busca una única y sutil meta, la vida contemplativa de la inacción, comprendida como el gran lujo económico. Por ello, el autor nos dice que todo lo que puede dar sentido y orientación a la vida, en la crisis actual se derrumba. El corazón es el órgano del recuerdo, en la era digital estamos huérfanos de corazón, y los datos se acumulan sin recuerdo ni sentimiento o sentido. Rechazamos las prácticas que duran tiempo, como esclavos de la inmediatez y enemigos del titán Cronos, padre de todo lo existente para Grecia. Y con el rechazo de las prácticas de duran tiempo y el abrazo a lo cortoplacista, desterramos de nuestras vidas los conceptos y palabras como confianza, responsabilidad, fidelidad, promesa, confianza, compromiso, pues todo lo largo plazo desaparece para entrar en el dominio de un constante presente, ideal que parece tener su origen filosófico en la comprensión social con Tomás de Aquino y su eterno presente. El aquí y ahora sin importar las esencias mismas de nuestra psiquis y de la verdadera ciencia con mayúsculas, el tiempo del eureka y de vislumbrar lo inexistente para calculando el mecanismo, alcanzar dicha realidad.

En este desarrollo del pensar existencial de las esencias humanas, Byung Chul Han llega a afirmar que el ser humano es un animal narrativo, nuestra vida no está determinada por ningún relato vinculante, hallándose por ello en una vida sin sentido ni orientación. Esta visión del homo narrativo está íntimamente relacionada con el mito del héroe de Jung y sus visiones del Arquetipo imaginativo.

En el corto plazo de la acción-reacción, necesidad, problema y solución, no existe la narrativa, el viaje de búsqueda como el caballero del Grial o el Ulises de la Iliada homérica. No existe la capacidad visual de crear mentalmente una identidad personal mantenida en el tiempo imperecedero, una identidad tan personal que acompañe al individuo desde su nacimiento hasta su muerte. Sé quién soy. Todo es en el mundo cortoplacista, un ser líquido y fluido, cambiante, como Bauman expone. Así, Nietzsche afirma que la felicidad humana depende de una verdad indiscutible. Y hoy no es posible la felicidad, pues no hay narración de verdad prolongada en el tiempo. Pues todo lo que sea perecedero, caduca, y esto no está cosido a la verdad, la cuál como naturaleza propia es en esencia imperecedera. El filósofo alemán afirma también que el Ser crece a lo largo del tiempo lentamente, siendo el cortoplacismo lo que desmantela, deshilacha al ser.

Esta conducta de la inmediatez desgarra toda identidad de Verdad y con ella, toda felicidad, acontece con un acto concreto. Hacer desaparecer las estructuras temporales de largo plazo, que relacionan las generaciones pasadas y venideras, al ser constantes en el tiempo, como los rituales y las fiestas, observadas como estabilizadores del tiempo. El mundo se empobrece en símbolos estatales, que influye en el pensamiento de la comunidad como un nosotros. Este vacío narrativo simbólico actual, nos conduce a la segmentación de la sociedad, la sociedad se divide en individuos indiferentes, atacando hasta hacerlo desaparecer el acto de lo asociativo.

Al hablar de símbolo generacional, la fiesta, donde la inacción domina el tiempo vivido, y el ritual es un hacer para nada o un hacer para el interior del ser, surge la imagen dominadora de la figura de Platón, quien al cuestionarse sobre el símbolo, abriéndose así la pregunta ¿qué es un símbolo?. El filósofo alumno de Sócrates, afirmó que el Hombre es un ser esférico, y por la arrogancia y el poder, los dioses dividieron al hombre en dos partes, y añora unirse con su otra mitad. Cada parte aspira a reunirse con su otra mitad. Siendo el amor la tensión de búsqueda de la otra mitad. Tensión entendida como impulsor de la búsqueda o condicionante de la acción a unirse. Sin el orden simbólico seríamos fragmentos. El régimen neoliberador no se construye como totalidad al no haber un nosotros.

En esta visión de unidad social, donde el hombre es un animal social por Naturaleza, como afirmó Aristóteles, sin la contemplación no hay felicidad, comprendiendo a la felicidad como la meta que todo ser viviente ha de alcanzar, y si su esencia es sociable, esta felicidad ha de estar relacionada con su esencia social. Y es aquí donde volvemos al ejemplo de la fiesta religiosa judía del Sabbat. En ella el hombre y la divinidad se relacionan unos con otros, como causa de felicidad mediante la inacción. Se afirma en la obra "vida contemplativa" que para la fiesta del Sabbat judío, donde la relación es dual entre hombre y Dios en el descanso, se observa que la creación del ser humano no es el último acto de la creación para el día de descanso, después de la creación o del trabajo creador. Sino que la creación termina en la fase esencial, el reposo. Sin reposo, el ser humano pierde su parte divina, su ser o esencia, pasando a convertirse en esclavo o máquina.

En la época del romanticismo, anterior al capitalismo productor fabril de la revolución industrial, la libertad se desvincula del sí mismo, siendo expresada como la pasividad. Ser libre es reunirse con la infinitud de la naturaleza, es el antídoto contra la libertad individual. El mundo recupera su encanto con el romanticismo, su misterio y dignidad, la naturaleza abre los ojos al sujeto que se cree libre y en el instante romántico, el sujeto renuncia a su soberanía y rompe a llorar en su abandono de sí mismo.

En su contra, en tiempos de producción propia y narcisismo, la religión pierde su fundamento, siendo éste el acto individual de desprenderse de uno mismo. Este ejercicio daña más que el ateísmo, afirma Byung, donde la crisis religiosa no es una ausencia de fe de dios, sino es causada por la pérdida de capacidad contemplativa. Requiere la religión de una atención del ser. La crisis de la religión es una crisis de atención, quien se produce y exhibe es incapaz de escuchar ni contemplar.

Pues quien no se escucha, es porque va hacia algún lado o aspira a algo. No está capacitado para el tránsito festivo que detiene el tiempo. Así, la esencia del Sabbat es la propia suspensión de la economía, observándose a ésta como el motor de toda acción, al igual afirmó Marx, que no en vano era de nacionalidad y cultura judía. Observando en este tercer grado de comprensión de la inacción, el beneficio ofrecido por la misma, debemos de recopilar que:

La inactividad es la partera de lo nuevo. Nos llega el tedio cuando no sabemos qué es lo que espero. El aburrimiento es el umbral de grandes hechos. Sin el aburrimiento no sucede nada.

Otra de las características de la inactividad, es la muerte del Ego, pues la inactividad desmonta al objetivo o meta, esta ausencia de objetivo es enemiga del individualismo, lo desarma, haciendo que el individuo renuncie a sí mismo, a su identidad personal o ego. Haciendo que la inactividad sea causa de la ausencia del ego, la ausencia del ego causa del surgimiento de un Yo verdadero sin máscara. Generándose así una posibilidad para la experiencia, donde lo inactivo no se afirma a sí mismo, sino que se vuelve un nadie entregándose a lo que acontece, como la hierva crece por influjo de la primavera y no por ella misma.

Cuando nos abandonamos en la inacción envueltos en el tiempo vivido, usando al presente como un reflejo de eternidad, y no el presente como un dominio de instante, surge un silencio que nos permite decir lo inaudito, donde comunicar todo el tiempo te induce a responder siempre igual. No existiendo la oportunidad de lo verdaderamente nuevo, que siempre brota del silencio inactivo de la contemplación. Para aclarar este último párrafo, tal vez la afirmación religiosa de comprender la divinidad en el interior, y este contacto con lo divino se halla en el silencio y en la quietud del Sabbat, se materializa en el mundo de la razón y no en la religión, con la comprensión de que para tener algo que decir, la tranquilidad de contar con el derecho de no decir nada es necesaria.

Es una condición para algo que merezca verdaderamente ser dicho. Siendo la inactividad una vez más, cuna o umbral del hecho inaudito. De lo no existente, de la creatividad y del instante Eureka. Observándose ahora dos sendas para la creación, existiendo unos creadores activos y unos creadores útiles, donde lo creado siempre tiene una utilidad en su acción, frente al creador activo que crea útiles desde la acción y no desde la utilización.

Como dijo Nietzsche, ya no se ponderan los pareceres, basta con odiarlos. El libre pensador se extingue. El libre pensador brilla en la inactividad. Pero hoy cotizan alto los activos y desosegados.

CAPITULO IX
CULTURA VS COSTUMBRE

En las observaciones de campo antropológicas, y en los análisis sociológicos que la antropología realiza a diario con sus observaciones pasivas o activas, así como los estudios sociológicos y etnográficos de los pueblos o dispares grupos sociales concretizados por un lazo compartido en su vida en común. Siempre se ha observado en los valores del diagnóstico, una equidad entre lo llamado cultura con las costumbres del colectivo a estudiar. Llegando esta equidad a hacer converger como estudio de una misma observación tanto las costumbres populares o sociales de un grupo, con la cultura del mismo o así los niveles culturales cognitivos a juzgar y prejuzgar, tanto del grupo como de los individuos. Ejercicio que siempre se ha realizado desde la antigua Grecia socrática y helenística, como así con los restantes imperios desde el romano o los europeos modernos y la visión grupal del dentro y fuera, acontecida en la observación del hombre civilizado europeo frente al nativo salvaje o simiesco desde lo darwiniano.

Pero cuando el filtro de la psicología y la neurología irrumpe como un rayo de tormenta en carne viva, en las vísceras del observador antropológico, sociológico o etnográfico, o sea, en el ejercicio de observar y aprender o prejuzgar a un colectivo con la comparativa de su modo de vida, frente al nuestro. O así acontecido también en la convivencia social del nativo territorial y el inmigrante o extranjero o turista... surge un descarnamiento causado por un doble filo ofrecido en la espada de la psicología. La mente de trabajo y las redes neuronales observadas desde el alzheimer, como así lo observó el neurocientífico D. Joaquín Fuster.

Por un lado la psicología diferencia las funcionalidades de una acción repetitiva que al convertirse en una costumbre en el hacer diario, comienza a ser reiterada por el individuo y su mente desde el área cerebral llamada "mente de trabajo", como por ejemplo el saber conducir. Frente a las acciones recordadas mediante un sentimiento vivido, las cuáles su recuerdo evoca una sensación de vida. Deduciéndose que ambas informaciones causan dos detonantes, una acción con la mente de trabajo involuntaria y estructurada, o una sensación también involuntaria y estructurada.

En el otro orden de cosas, mientras que la primera visión es la que altera la visión del antropólogo en el trabajo de campo, para diferenciar cultura y costumbre, o dicho de otra forma, cultivo del sentimiento vivido y costumbre repetida en el modo de vida sin causa de sentimiento. La segunda visión nos la ofrece don Joaquín Fuster, quien al estudiar al enfermo de alzheimer y descubrir que las neuronas se hallan en off, están fallecidas a causa de la enfermedad, no pueden ser el lugar biológico donde el recuerdo se alberga, pues sin neuronas el paciente recuerda con gran vivencia sus recuerdos antiguos. Comienza a estudiar las llamas redes neuronales del cerebro, las cuáles están estructuradas por los impulsos eléctricos de las sinápsis de las neuronas, creándose carreteras de hilos neuronales que comunican las dispares multitud de neuronas existentes. Pero en su observación en las redes neuronales y en los recuerdos del paciente del alzheimer, observó que eran los recuerdos grabados a partir de una sensación o sentimiento, aquellos que se mantenían más presentes y mejor grabados, frente a los recuerdos ausentes de sentimientos.

El análisis final era que, aquellos conocimientos recordados necesitaban de la sensación para ser recordados. A menor sensación vivida en el instante de grabar la información, más difuso era el recuerdo. Generándose así una senda sinuosa y casi invisible, pero muy directa. Sin el conocimiento sensitivo, no se forma una consciencia.

Es necesario adentrarse ahora en definir el concepto de consciencia, y me refiero a él como el concepto del almacén de recuerdos vividos que me permitan formar mi identidad como ser y mi forma de vivir a partir de las herramientas que estos conocimientos me otorgan.

Por ello, si cuando he tenido una vivencia y la misma ha sido vivida mediante un sentimiento, o memorizada en pos a un entorno inspirador. Esta información quedará más fuertemente grabada en mi mente, como para formar parte de una forma de ser intuitiva, ante el conocimiento adquirido por el estudio, donde sólo mediante el recordar forzado, podré adquirir tales recuerdos.

Cuando en el modelo educacional antiguo se afirmó aquello de; "La letra con sangre entra", hoy se advierte como una realidad a negar, pues los péptidos y demás productos químicos cerebrales cosidos al estrés, no son tan propicios como los productos químicos neuronales cosidos a la alegría o a la mente expandida, para el razonamiento y el ejercicio del recuerdo memorizado. Pero... al fin y al cabo, algo de razón llevaban, o qué ocurre con el trauma y la imagen cosida al mismo. Queda muy presente por lejano que fuera el tiempo del acontecimiento, para la mente del individuo.

Así que volviendo al principio de este capítulo donde intento bucear entre cultura y costumbres o costumbrismo. En la observación sociológica y antropológica realizada sobre un grupo o sociedad a la luz de las observaciones de la neurociencia y la psicología, se debería de distinguir las culturas con las costumbres. Y dentro de las culturas, como ejercicio de cultivar una actuación o hacer, se ha de tener en cuenta la visión romana de Cicerón como "cultivo para el alma", entendiendo a alma como reflejo o vaso de la consciencia. Así que esta cultura que ha de ser cultivada, tiene que tener en su dato a recordar una sensación o sentimiento que cultive, cuide y haga crecer una vida interior, que alimente al ser o al alma del individuo. Si el cultivo acontece sin alimento para el ser interior, o como diría las hermanas Lara con gran acierto, sin Arte. No es cultura y en su reiteración puede convertirse en una costumbre repetitiva de la mente de trabajo, que ya lejos de la cultura, está cosido al rito o ritual religioso, el cuál claramente descansa en la reiteración involuntaria y repetitiva de la mente de trabajo, donde el individuo no es consciente de su acto o hacer, o dicho de otra forma, sino el individuo no es consciente, su acto es una acción sin consciencia.

Por ello, la mente de trabajo no alimenta a la consciencia, pues el individuo realiza actos sin ser consciente de su hacer.

Frente al recuerdo memorizado mediante una sensación, la cuál, la sensación hizo tener tan presente al individuo en el instante acontecido, que incluso años después, en su memoria vivificará como presente lo acontecido hace años y para él, será tan real como en aquel instante lo fue.

¿Sería una locura vivir la vida así de consciente, o es una locura vivir la vida tal como la vivimos, sin consciencia, en un presente dilatado y constante donde día tras día todo acontece como un igual.?

Una vez que en el trabajo de campo de un antropólogo se comienza a diferenciar las costumbres sociales, populares, individuales o religiosas, así como económicas o laborales; de las culturas conscientes cosidas al ejercicio del sentimiento o evocación del mismo, reducido a lo llamado arte. No tendríamos más que recoger que el arte es la cultura, y toda costumbre que no tenga en su estructura funcional una base de arte para evocar una sensación, deja de ser cultura y queda relegada sólo al espacio de costumbre y costumbrismo.

Repito. Y si una vez que en el trabajo de campo, ahora sociológico, diferenciamos el arte con la costumbre involuntaria o impuesta como la religión. Comenzamos a observar a una sociedad con o sin consciencia, con alma o sin alma. Pero... ¿no era el alma y la consciencia algo individual y no grupal, cómo ahora se nos presenta desde lo social y colectivo y no desde lo discreto y profundo del individuo o del ser?

Responder a tal cuestión es profundizar en las bases comprensivas de la antropología, la sociología y la psicología, de los ritos religiosos, donde religión en su estrato más profundo o esencial es religare, relacionarse. Observamos que no hay sentimiento sin relación, ni relación sin sentimiento. Para ello, todas las religiones nos hablan de la convivencia social y las armonías conductuales, las cuáles estas armonías conductuales no huyen de las conductas, pues su corazón es el arte y la consciencia, no la mente de trabajo, también observan la necesidad de este ejercer la vida sin consciencia. Es como un descanso del sentimiento existencial del ser que acontece en lo íntimo, como es el rezo o la meditación o contemplación.

Así que, una sociedad ausentada del arte y el vivir desde la emoción consciente, es una sociedad estructurada, involuntaria que es proclive al esclavismo voluntario, acontecido por el hecho de no saber qué hacer conscientemente con mi vida.

Frente a una sociedad cognitiva o del conocimiento o artística de la consciencia, donde el raciocinio se nos presenta como una herramienta de la voluntad del ser, voluntad que es el ejercicio central de una consciencia que desea una senda, un camino donde vivir. Y esta voluntad causa una elección, la cuál es contraria en esencia al esclavismo donde no hay otra elección que la obediencia. Así podríamos comprender la reiterada frase de *"conócete a ti mismo y te hará libre"*.

Cultivar desde el gobierno y la acción social la exigencia de la costumbre repetitiva e involuntaria, acontecida por norma general en lo laboral y en los ritos religiosos y sus fechas, se nos presenta como un robo de la humanidad, pues es esto lo que está en juego. O permanecemos en la senda del arte que nos humaniza, o caemos en el rito y en la costumbre cegadora que nos esclaviza, nos controla la hora laboral, la acción posible con el tiempo restante del descanso y de la energía tras el cansancio laboral, o la acción orquestada por el rito o el gobierno.

Advirtiendo que el arte sería la Alquimia del alma y los cuerpos, donde danza, poesía o música, son herramientas para trabajar las armonías interiores necesarias para la convivencia o ejercicio de conectividad de las neuronas cerebrales, como controlar los impulsos químicos de cada uno de los tres cerebros evolutivos. Toda mente, desde lo físico a lo invisible, ha de hallarse en una armonía. Esta visión antes dejada a media, con la consciencia del ser individual o colectiva, donde estaría la consciencia grupal y campo akásico de Jung, se nos presenta las observaciones biológicas y bioquímicas acontecidas de los estudios médicos, neurológicos y sociales, sobre las relaciones de convivencia social. En estos estudios se comprueba lo necesario que es el ritmo cardíaco, el tono o sonido vocal de las palabras, donde alterando la mente, para calmar y alterar unas y otras áreas cerebrales, los individuos enfrascados en una conversación, comienzan a hermanarse a tal grado de involuntariedad compartida, que ambos presentan las mismas áreas cerebrales en su acción, presentan los mismos ritmos cardíacos e incluso las mismas temperaturas.

Llegados a este nivel de comprensión entre cultura y costumbre y costumbrismo, se debe de afirmar finalmente que el uso del cerebro como miembro del ser se nos presenta como un ejercicio que nos lleva del ser al estar, como lugar compartido en lo físico o en lo emocional. No siendo casual que en el inglés el verbo To Be sea un puente entre ser y estar, pues es el ser quien está en un lugar o en un estado de alegría, ira o enfado, por ejemplo. Esta visión nos lleva a observar el acto de estar como un reflejo de la acción del ser, que nos lleva a una segunda reflexión. El Bienestar o el Malestar es un reflejo íntimo del ser cosido a la consciencia, y ésta a la vivencia emocional de su vida que altera o permite entrar en juego a la consciencia para ser consciente de lo vivido.

Una sociedad sin arte ni búsqueda del sentimiento de lo social, lo colectivo y lo individual, como alimento del alma, es una sociedad proclive a la esclavitud y a la ceguera como diría José Saramago o J. Luis Borges. Y esta ceguera causada por la ausencia del arte y la emotividad, lleva al individuo a una constante lucha eterna por su supervivencia, una supervivencia biológica, económica, social, política, fisionómicas, y también existencial en pos a su vacío. Donde el egoísmo es el caldo de cultivo diario que impulsa la acción necesaria, pues sin acción no hay egoísmo, y sin éste, todo se calma, todo acontece en una quietud ahora más necesaria que nunca.

Al contemplar desde una perspectiva más genérica la causa que aquí nos recoge, donde antropología, sociología y psicología junto al replanteamiento de la sociedad y su comprensión como cuerpo psicológico constituido por arte, cultura cultivada y costumbres. Debemos de contemplar una serie de estructuras organizativas, donde se ofrezcan un cuerpo limitado y tangible de lo expuesto para su comprensión grupal y global, y que aquello que se nos presenta como invisible, inmaterial o alegórico a los ojos del eje cartesiano que siempre quebró toda comprensión de las cosas existenciales y terrestres del hombre. Ahora puedan ser comprendidas desde lo sutil hasta lo material y cuantificable. Al fin y al cabo, algo de eje cartesiano y estructuralismo es necesario para la comprensión de las cosas, pero no conocer estas bases no implica que no existan. Pudiéndose reducir que el eje cartesiano está caducado, y sólo atendió al conocimiento comprensible para el nivel científico de su momento. Ahora, que los niveles del conocimiento son más amplios, podemos ampliar la visión de la ciencia y tomar puestos del eje alegórico, que ahora se nos presentan como eje invisible.

Prolongando la senda de esta observancia sobre los modos de vida del hombre, desde lo cultural, artístico, lo costumbrista y lo relativo a consciencia e inconsciencia, surge aquí la gran cuestión antropológica, psicológica y paleontológica por excelencia.

¿Qué nos hace humanos? Pues es esta la cuestión en esencia que aquí se desea dilucidar con este mestizaje entre antropología y psicología social.

Si ser humano es un arte, toda vida cosida al arte nos humaniza. En su contra, toda vida alejada del mismo, del arte, nos deshumaniza. Pero... dentro de los renglones de la psicología y su jerga profesional, esta deshumanización, término más sujeto a las ciencias sociales, tiene un eco directo en su jerga. Sociedad traumatizada, y este trauma social y disminución de valores éticos y morales, necesarios para lo humano y lo concerniente al ejercicio del convivir en sociedad, como ser sociable por naturaleza, nos lleva a una desnaturalización de la existencia humana. La muerte del arte y la contemplación, como alimentos del ser, es la muerte de lo humano.

Con su eliminación y fallecimiento, acontece la masa social encarcelada entre límites y barreras llamada granja. Esta masa inmersa en la lucha por la subsistencia, donde sólo de pan vive, negando la máxima de toda existencia política, existencial, humana o religiosa, cae en la desdicha individual que lleva a la desgarrar su capacidad social, y con ella, acontece la caída de la sociedad como tal por sí misma. Esta masa insociable y ciega, no es más que un sólo cuerpo involuntario que siguiendo el son de la flauta, sigue a su flautista de Hamelín, ya fuera para bailar a su son como para criticarlo, al fin y al cabo, le siguen.

Con tal seguimiento, acontece la plena ausencia de libertad iniciada por la falta de libertad de pensamiento y después de expresión, y con ella, de acción. Seguida por la falta de libertad de elección. Ante esta visión social del mundo civilizado, la civilización cae en la locura, en el trauma individual donde el ser no convive con un entorno natural que lo condicionó como nicho biológico durante su larga evolución natural de la especie desde la misma existencia del planeta, no hablo sólo de lo homínido sino desde lo biológico en los renglones del biólogo Maturana. Para ahora acontecer un hecho traumático en pos a la visión de lo humano ya antes visto. La ceguera de la tragedia que tanto esfuerzo la Grecia clásica imprimió en sus modos de vida. Ante esta visión, la muerte ya no se presentará como tragedia, pues no hay convivencia, sociedad, anhelo, añoranza. Sólo hay un prototipo ensombrecido del Yo. Aquí la muerte se presentará como una brisa que pasa a la que todos les cerramos la puerta. Tal vez en un profundo subconsciente, tal brisa fuera deseada y por ello, hallaríamos las explicaciones razonables de la falta de temor o de importancia. Donde una existencia sin vida es una vida dominada por la muerte, al menos las parcas al llegar ofrecen un entorno al fin natural para el modo de vida prolongado que el individuo ha llevado desde que nació. Y este modo de vida ausente, surge de una frase lapidaria para la psiquis de la sociedad cristiana europea, y por ello, para la ideosincrasia de esta sociedad. La frase la pronunció san Agustín al afirmar que todo el tiempo existente, y de forma única, es el presente continuo.

Esta comprensión de la línea del tiempo donde vivimos, esta comprensión del entorno donde existimos, aunque fuera hecha desde la línea teológica y filosófica de los textos clásicos socráticos y la comprensión del hombre en la creación divina o del Todo. Con su uso y su asentamiento ha causado un efecto tal vez no deseado por el autor.

La idea de un único tiempo insalvable de constante presente y continuo, casi eterno, nos encarcela, nos inhabilita, nos roba la estimación, el cálculo, la ponderación, el tiempo de contemplación, raciocinio, comprensión y vaguedad. Impulsando al individuo a una constante acción imperiosa donde el único tiempo existente, y por ello, la existencia del individuo es marcada por el tiempo, es el aquí y el ahora. El YA. Llevándonos a una existencia única del corto plazo condenada a la subsistencia biológica y atemporal del individuo. Mas también robó a la humanidad el viaje ilusionado, o sea, la ilusión de refugiarse en tiempos pasados, por lejanos que fueran con el mito, para desde aquellos malecones de la inmensidad del tiempo, desde un mañana, saltar el vacío del tiempo y vivir según un después inalcanzable para el hoy. Y aunque la visión se nos presente como poesía, como narrativa o lírica, nada es invisible, nada es inmaterial. Todo es muy palpable.

Si nos quitan el refugio del tiempo pasado, nos quitan la identidad formada y causada por el recuerdo de lo que hicimos, donde estos actos dan forma al ser actual.

Pero al retirarnos el tiempo futuro hacia donde calcular y dirigir las acciones presentes y posteriores a realizar, nos roban lo socrático, la mente, el cálculo, la estimación. O sea. La auto realización del ser, quien a lo largo del tiempo desde el recuerdo de un ayer, tal vez lejano y mítico, se advierte como un presente actual, para ahora conocer qué cambiar y ser otra cosa.

Este ejercicio de viajes en el tiempo, casi de cuarta dimensión, es lo que al hombre se le ha robado, lo ha deshumanizado, y tal robo se inició con la desaparición del mito, siendo el Grial el último de los mitos que a la cristiandad del imperio romano había sobrevivido.

Recuperar los esquemas temporales, donde el pasado nos cose con nuestros antepasados, con la familia, con el recuerdo y con la existencia de lo que soy por el propio derecho de nacimiento. El presente nos cose a un futuro cercano y casi a tiro de lanza, donde la acción presente es vivida con un fin, con una identidad formada desde el ser, y que se canaliza a lo largo de la existencia del individuo como modo de vida. Ya no como meta. Pues toda meta se nos alza como un presente continuado, pero este provenir futuro desde el presente, es una vivencia de futuro, una vivencia que como en los faraones egipcios, llegan a alcanzar las visiones o deseos de eternidad. A estas son a las que me refiero como pronósticos de futuro. Pues toda aquella proposición de futuro cercano que cause meta, transforma el viaje en una condena por desear al lugar, y al llegar, en una condena insalvable de pertenencia a tal lugar, donde el individuo en su viaje es esclavo del llegar, y en su meta, esclavo del lugar que lo cobijó. Tal vez el mito del caballero errante don Quijote y su espejo, el gran caballero errante Lanzarote o Perceval, o el Ulises camino hacia Ítaca, son la excelencia de esta visión atemporal, donde un lejano pasado, se nos presenta para conquistar nuestro presente y un futuro eterno.

Así que todo modo de vida social y colectiva ha de estar cosida al mito, al arte, a la vivencia atemporal de las cosas, desde donde poder comprender que el ser es atemporal, cambiante y con gran plasticidad como la mente y nuestro cerebro, su casa. Pero atemporal.

Robarle al ser su cualidad de eternidad, tal vez sea la causa de la deshumanización de esta sociedad, donde hoy sufre los avatares acontecidos en el siglo XX en los campos de concentración nazis, donde los presos eran destinados a un modo de vida tal, en el cuál la deshumanización estaba estipulada y calculada de forma metódica, mediante el control del tiempo de la prisión, la acción esclavista del preso, y las acciones sociales de los mismos. Alzándose el libro "La zona gris", o los trabajos del francés Michel Foucault.

Pero también en esta comprensión de los modos de vida de los pueblos frente al modo de vida nuestro, el comprendido como civilizado, tiene cabida el trabajo del antropólogo David Graewer, quien rescata de los olvidos las impresiones de muchos nativos sudamericanos y apaches, quienes durante la época colonial francesa y británica, fueron traídos por jesuitas o soldados a ciudades europeas, para que vieran el mundo de donde procedían los colonizadores, su mundo futuro. Las respuestas se cosieron en una única observación constante de cualquier nativo al conocer nuestros modos de vidas civilizadas. "Estábamos locos" a ojos del nativo.

Esta locura procedente de la desnaturalización de la vida humana, hoy comienza a presentarse como un síntoma común en toda la sociedad, la cuál comienza a llenar las consultas y las salas donde la espiritualidad, la salud mental y la preocupación por estas ciencias que ofrecen dispares modos de vidas al actual, comienza a verse como un problema comunitario y social.

¿Nos están volviendo locos al dirigirnos hacia estos modos de vida tecnológica, productora y económica?

Ante tal cuestión me veo obligado al ejercicio de replantear los modos de vida y su comprensión, pues cuando uno hace el trabajo del cambia pieles, abandona su visión y se proyecta a imaginar, intuir o intentar comprender con los ojos ajenos del apache o del nativo, quien sí procede de la convivencia con la naturaleza y su nomadismo, frente a nuestra quietud local sedentaria que más que hogar se nos presenta como otra cárcel después del lugar de trabajo, y en las vacaciones deseamos salir de todos estos entornos, recuperar los instintos nómadas de nuevas visiones y nuevos mundos. Se observa una máxima en el modo de vida civilizado y el modo de vida nativo.

Mientras que el civilizado está henchido y dominado por acciones traumáticas, el modo de vida nativo está dominado por los llamados en antropología, "ritos de paso", en los cuáles el individuo toma consciencia del tiempo que por su edad, comienza a vivir, y con esta consciencia, comprende su acción individual en pos a la convivencia social con los demás. Ofreciendo un instante de comprensión íntima, de identidad atemporal en este tiempo presente donde acontece el rito de paso. Y nos presentan un ritual dirigido a ser consciente del lugar nuevo donde el individuo va a vivir, pues para el grupo, para su vida social, ocupa un nuevo lugar, que causa nuevas acciones y nuevos modos de vivir. Frente a los rituales religiosos civilizados, que al olvidar su ejercicio de consciencia, se presentan como actos costumbristas involuntarios e impuestos por una ordenanza que ofrece una única consciencia, la comprensión de una vida piramidal y alineada, donde el dictado del gobernador es ejecutado por premisa y funcionalidad, hasta las bases más inferiores de esta pirámide social, las cuáles, estas bases se presentan como sustrato y basamento del sostenimiento de la gran cúspide, pues sin tal base, todo se desmorona. Frente a la montaña natural que nunca teme caer.

Al comparar esta visión existencial de la sociedad, con los modos de vida posibles dados entre lo nativo y lo civilizado. Desde el ejercicio de mezclar antropología y psicología, es como crear modelos de vida dominados por técnicas psicológicas, que en el modo de vida selvático alimentan al ser, permitiendo una evolución de la consciencia alimentada. Frente a otras técnicas psicológicas que persiguen la deshumanización de los individuos y de la sociedad, como las ejecutadas en Treblinka o en Auschwitz, como las mencionadas en la obra "la zona gris", surgida de los textos y diarios de algunos presos judíos que fueron recogidos sus testimonios en la obra Auschwitz: A doctor´s Eyewitness Account de Niklós Nyiszli, alimentados ambos trabajos por el diario de uno de los presos judíos llamado Primo Levi, quien tituló su obra "los hundidos y los salvados". Dejando un dibujo de doctrinas gubernamentales impuestas desde la autoridad carcelaria a los que allí se hallaban, donde claramente se advierte una única intención, deshumanizar al preso, desvincularlo de toda posible identidad personal, social, familiar, racial o cultural.

Pudiéndose vislumbrar una posible intención científica en la mera existencia de estos campos de exterminios, en la cuál ver al campo de exterminio como granja donde practicar, diseñar, investigar y experimentar técnicas sociológicas antihumanas, pudo ser un posible fin a estos campos de exterminio, que sin sentido aparente sustituían al pelotón de fusilamiento. Muchos americanos, antropólogos, sociólogos y psicólogos, al estudiar el caso de los campos de exterminios nazis, como también la psiquis de muchos de sus presos que sobrevivieron a este holocausto, compartieron esta opinión clara. ¿Qué necesidad tenía el gobierno nazi de crear tal estructura física, gubernamental, militar, social y económica, para unos presos que en esencia estaban destinados al morir? ¿No era más sencillo matar al judío por ser judío, en lugar de crear todo un organigrama gubernamental y territorial sin sentido?

El testimonio de Hanna Arendt o de Primo Levi, eran claros en su análisis sobre la intención nazi en los protocolos acontecidos desde que eran separado del hogar, hasta llegar al campo de concentración. Arendt afirma:

"El intento de reducir a los seres humanos a la condición de bestias, una suerte de "subhumanos", era manifiesto. Se expoliaba a los hombres su humanidad hasta el punto de vaciar de sentido la noción misma de solidaridad; se volvían incapaces de reconocerse como víctimas ante sus perseguidores. En el universo concentracionario, la dignidad humana había sido aniquilada, la conciencia, la capacidad de pensar y juzgar han sido destruidas."

No es casual observar que estos valores que sostienen las bases de todo aquello que llamamos humano, sean los mismos que hoy día faltan en la realidad social vivida, parece como si el mundo se hubiera convertido en un gran campo de exterminio humano, donde la dignidad, la conciencia, la capacidad de pensar, la solidaridad o la capacidad de percibir una posición de víctima; son cualidades dadas hoy día en la actualidad.

Primo Levi quien también sostenía que la intención nazi en los campos de exterminios era ensayar o practicar o ejercer las técnicas mediante las cuáles, el individuo se deshumaniza. Afirma que esta situación era percibida como una máquina movida por piñones de forma tácita, ordenada y arrolladora. Exigían el rapado del cabello a hombres y mujeres, la eliminación de todas las pertenencias, los zapatos llamados suecos de madera apenas permitían poder caminar (robándote la capacidad de movilidad autónoma), el tatuaje de un número en el brazo de cada internado, para ser llamado y reconocido por el número, alcanzando una

psiquis individual donde muchos presos habían olvidado su nombre y respondían a su número. Primo Levi afirmó también;
"Sabemos por la cruel realidad de los últimos años que una persona desnuda pierde inmediatamente la fuerza para resistir, para luchar contra su destino".

Y es aquí, en la lucha contra su destino como conato de reconocimiento de identidad, de auto consciencia y renuncia a ser partícipe de una gran masa ciega, donde desearía colocar la mayor intención para el análisis de la vida tradicional actual.

No estoy diciendo con toda esta comparativa, que el modo de vida actual de España o Europa, sea comparable con los presos del holocausto nazi, sería un error y una falta de respeto para estos supervivientes y para la memoria de tantos fallecidos en un horror difícil de narrar. Pero... destacar que si la intención de los propios campos de exterminio, no eran el exterminio físico sino la ejecución de intenciones gubernamentales dictadas en pos a la deshumanización de colectivos completos. Sí que puede tener un eco en la vida actual esta comparativa, y cuestionar que tal vez la deshumanización que hoy día la sociedad actual sufre y padece, no sea causa de incapacidades individuales, y sí causa de imposiciones legales, estatutarias y costumbristas (moda), que desde una alta pirámide cae hacia las bases mediante el comercio, el consumo y el marketing, que ya Marx y Weber también denunciaron tal tiranía deshumanizante mediante el capital y el comercio.

Tal vez la expulsión de los mercaderes del templo hecha por Yeshúa (Jesús), no fuera casual, y nos ofrezca una enseñanza moral y política más real que la leída por los teólogos hasta los días presentes. Tal vez, repito, la expulsión de los mercaderes del templo no está sujeta a la intención de limpiar o pulgar el lugar sagrado y físico del templo donde el fiel se dirige a orar, no a comerciar. Sino que el templo juega ahora como figura literaria para la comprensión del lugar íntimo de lo humano. Donde lo humano no ha de ser mezclado con el dinero ni el comercio.

Llegados a tal punto, retomar el título de Cultura y Costumbre, podemos ahora repensar cada uno en el rincón de su vida, de su existencia, si está sometido a la ley del Alma y del Ser, el arte y la cultura. O su vida está sometida a la costumbre involuntaria, que ausenta la consciencia de su vida presente.

9 798393 888084